KB220343

살아있는 역사 재미있는 답사

살아있는 역사 재미있는 답사 1권

2013. 7. 10 초판 1쇄 인쇄
2013. 7. 20 초판 1쇄 발행

지은이 | 모난돌역사논술모임
펴낸이 | 이종춘
펴낸곳 | BM 성안당
주소 | 121-838 서울시 마포구 양화로 127 첨단빌딩 5층(출판기획 R&D 센터)
413-120 경기도 파주시 문발로 112 출판도시(제작 및 물류)
전화 | 02)3142-0036
031)955-0511
팩스 | 031)955-0510
등록 | 1973.2.1 제13-12호
출판사 홈페이지 | www.cyber.co.kr
ISBN | 978-89-315-7686-3 (64900)
978-89-315-7685-6 (세트)
정가 | 15,000원

이 책을 만든 사람들

기획 | 최옥현
진행 · 교정 · 교열 | 박재언
사진 | 김하늘
본문 · 표지디자인 | 想 company
일러스트 | 최리
제작 | 구본철

역사를 따라가는 문화유산 답사
1권
구석기에서부터
후삼국시대까지
살아있는 역사
재미있는 답사
모난돌역사논술모임 지음

BM 성안당

머리말

석가탑에서 날아오르는 새가 보인다

'역사!'라고 하면 대부분 사람들은 '어렵다, 골치 아프다, 재미없다'고 한다. 역사를 글자로만 배웠기 때문이다. 그것도 일어난 사건과 그 사건이 일어난 때와 그 사건에 관계된 사람이 누구인지를 억지로 외우는 역사공부만을 했기 때문이다.

공부하는 사람하고 아무런 관계도 없는 것이고 감동이나 느낌을 받지 못하기 때문에 재미가 없는 것은 너무나도 당연한 일이다.

우리나라는 곳곳에 문화유산이 널려 있다. 마을마다 전해 내려오는 이야기가 있고, 빈 절터라 하더라도 탑이 서 있다. 수천 년, 수만 년 전에 사람이 살았던 흔적도 남아 있다. 온 나라가 박물관이다.

하지만 사람들은 그냥 구경거리로만 여긴다. '아 이런 것도 있었구나!' '예쁘네.' '그 시절에 이런 걸 어떻게 만들었지?' 하면서 그냥 눈으로만 보고 지나친다.

그 유산들 안에 담긴 역사를 알지 못하기 때문에 보아도 느낌이 별로 없고 감동도 역시 별로 없다. 책에서 읽는 역사는 책에서만 보고, 밖에서 보는 문화유산은 그저 유물로만 보기 때문에 역사라는 낱말에서 재미를 떠올리지 못하는 것이다.

아이들과 함께 답사를 다니면서 '왜 그들은 이런 유물을 남겼을까?' '왜 그때 사람들은 그런 역사적 선택을 했을까?'를 생각해보자고 했다. 그런 시각으로 유물을 보면 유물에 담긴 역사를 좀 더 생생하게 볼 수 있다. 유물을 남긴 사람들과 그 시대를 읽을 수 있다. 유물에 담긴 양식도 보이고 다른 유물과 비교해 볼 수 있는 눈도 생긴다.

경주에 있는 모든 절들에 서 있는 탑은 같은 모양으로 두 개를 나란히 세웠는데 왜 유독 불국사에만 벽돌탑에서 따온 신라탑 양식으로 된 석가탑과 목조건물에서 따온 백제탑 양식인 다보탑을 세웠을까?

이 의문에 답하다보면 신라가 백제를 합쳐서 한 나라로 만들었지만, 백제 땅에 사는 사람들과 하나가 되지 못하자 백제 사람과 신라 사람들을 한마음으로 모으기 위해서 백제문화와 신라문화를 같이 담아서 불국사에 세웠다는 것을 읽을 수 있게 된다.

그러다보니 탑을 자세히 살펴볼 수 있게 되고 석가탑 층층마다 옥개받침이 다섯 개라는 것도, 옥개받침이 다섯 개라서 새가 날아오르려고 한다는 것도 볼 수 있게 된다. 그리고 옥개받침이 세 개로 줄어드는 고려시대 탑은 반대로 새가 내려앉는 모습이라는 것도 느낄 수 있게 된다.

역사는 과거를 향해 질문하고 대답을 찾는 학문이다. 있었던 사실만을 증명하려고 하면 별로 재미가 없지만, 역사를 향해서 질문하고 대답을 구하다보면 증거가 되는 유물을 더 잘 살피게 되고 더 깊은 질문을 할 수 있게 된다.

유물은 그냥 남아 있는 것이 아니라 우리에게 그 시대를 온몸으로 설명하기 위해서 몸부림치고 있다. 이 책이 역사와 유물을 좀 더 깊이 살피는 디딤돌이 되기를 빌어본다.

2013년 6월에 김하늘

차 례

구석기에서부터 후삼국시대까지

우리나라 곳곳에는 아름답고 찬란한 문화유산이 많다. 그야말로 온나라가 박물관이다. 답사는 다양한 유물에 담겨 있는 역사이야기를 좀 더 가깝게 만나볼 수 있는 좋은 기회다. 수많은 문화유산들이 당시 시대상을 온몸으로 보여주고 있는 것이다.

그 생생한 이야기 속으로 여행을 떠나보자

01 사람이 살기 시작한 한반도

역사 이야기

지구에 처음으로 살기 시작한 인류는 400만 년 전 무렵에 아프리카에서 등장한 오스트랄로피테쿠스(남쪽 원숭이)이다. 아프리카는 다른 대륙들보다 따뜻했고, 먹을 것을 구하기도 쉬웠기 때문이었다.

오스트랄로피테쿠스는 지금 살고 있는 인류보다는 원숭이에 더 가까운 모습이었다. 그러나 두 발로 걷고 손을 자유롭게 쓸 수 있었다. 자유롭게 쓸 수 있는 손으로 나무뿌리를 캐고, 열매를 따 먹었으며, 도구를 만들어 쓰기도 했다.

250만 년 전에 등장한 호모하빌리스(손 쓴 사람)는 여러 가지 돌 도구를 만들어 쓰기 시작했다. 150만 년 전에 등장한 호모에렉투스(곧게 선 사람)는 불과 언어를 사용했다. 불을 사용함으로써 맹수로부터 보호받을 수 있었고, 추위를 이길 수 있었다. 음식을 익혀 먹게 되면서 체격도 더 커지고 뇌 용량도 늘어났다. 먼 곳으로 이동도 할 수 있게 되었다. 호모에렉투스 가운데 일부는 아프리카에서 유럽과 아시아로 이동했다. 70만 년 전에는 한반도에도 들어왔다. 이때부터 한반도에 구석기시대가 시작되었다. 이들이 쓴 주먹도끼가 경기도 연천군 전곡읍에서 발견되었다.

이들은 나무뿌리, 열매, 작은 동물이나 벌레 등을 먹으며 동굴에 살았지만, 먹을 것을 찾아 이동할 때는 나뭇가지나 나뭇잎으로 막집을 지어 잠시 머무르기도 했다. 살아남기 위해 도구를 만들고, 불을 이용하고, 사냥법을 개발하면서 점점 지혜로워졌다.

20만 년 전 무렵에는 좀 더 진화한 호모사피엔스(슬기 사람)가 나타났다. 석기를 만드는 기술도 점점 좋아져 양면에 날을 세운 석기도 만들었다. 사람이 죽으면 시체를 땅에 묻는 풍습도 생겨났다. 죽으면 가는 새로운 세상(사후세계)이 있다는 것을 믿게 되면서 종교가 생겨났다.

7만 년 전 무렵부터는 빙하기가 찾아와 바다를 꽁꽁 얼려버렸다. 중국 땅과 연결된 얼음길을 통해 호모사피엔스사피엔스(슬기슬기 사람)가 들어왔다. 호모사피엔스를 몰아내고 한반도에서 주인이 되었고, 지금 살고 있는 우리들 조상이다.

꽁꽁 얼어버린 세상에서 살아남기 위해 두툼한 동물 가죽으로 옷과 신발을 만들어 추위를 이겨냈다.

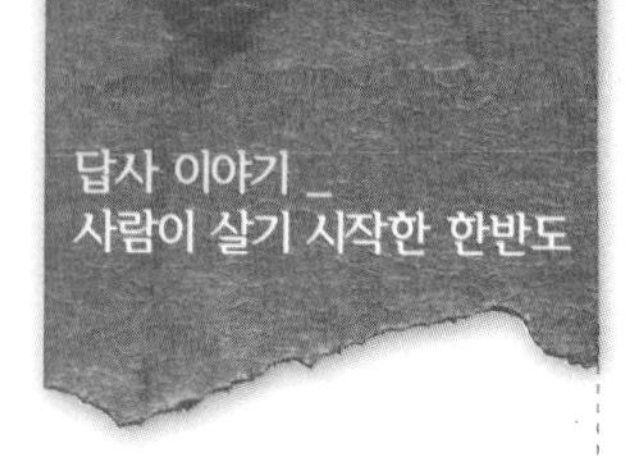

공주 석장리 유적

위치 충청남도 공주시 장기면 금벽로 990

공주 석장리 유적은 한반도에서 처음으로 발견된 구석기시대 유적이다.

금강 북쪽에 자리 잡고 있으며 선사시대 전기에서 후기까지 사람이 살았던 흔적이 남아 있다.

집터에서는 불을 땐 자리, 사람과 짐승 털, 불에 탄 곡식, 긁개·찌르개·자르개·주먹도끼 같은 유물들이 발견되었다. 집이 있던 자리에서 발견된 숯으로 연대 측정을 해보았더니 약 2만 5천년에서 3만 년 전에 사람이 살았던 흔적이라는 것을 알게 되었다.

석장리 유적지

집안에서 불을 피운 화덕자리가 발견된 것은 구석기인들이 불로 음식을 만들고 추위도 막았다는 것을 알려주는 증거이다. 바닥이나 벽에 홈을 파서 고래를 새기고 돌을 떼어 내서 물고기상을 만든 것으로 보아 이 시대 사람들이 예술 활동도 했다는 것을 알 수 있다.

볼거리 석장리 유적은 금강 옆 완만한 경사를 이룬 땅에 있다. 일찍부터 사람들이 살기 좋은 환경이었는지 살펴보자.

석장리 박물관

 공주 석장리 박물관

석장리 박물관은 석장리 유적 위에 세운 전시관으로 5가지 주제로 되어 있다. 화석으로 구석기시대와 구석기인들 생활 모습을 복원할 수 있게 되었고, 사람 머리뼈 등으로 두뇌 크기를 알 수 있다. 또 현생 인류와 구석기인 머리뼈를 서로 비교해 볼 수 있도록 해 놓았다. 그리고 선사시대 사람들이 살았던 생활과 환경을 영상물로 볼 수 있고, 유적을 발굴했던 과정도 자세하게 전시되어 있다.

위치 충청남도 공주시 장기면 금벽로 990 석장리 박물관

구석기 사람들은 왜 동굴벽이나 돌에 짐승 그림을 그렸을까?

채석장으로 변한
두루봉 동굴

청원 두루봉 동굴

위치 충청북도 청원군 문의면 노현리 두루봉 산 57-1

1983년, 두루봉에 있는 동굴에서 약 4만 년 전 구석기시대에 살았던 사람 화석이 발견되었다.

발견한 사람이 김흥수였다. 그래서 그 화석을 '흥수아이'라 부르고 그 굴도 '흥수굴'이라고 부른다.

흥수아이는 여섯 살 정도 되는 남자아이로 키가 110~120센티미터 정도로 짐작된다. 병에 걸려서 죽은 것으로 보이며 유골 옆에서 석기들이 발견되었다. 가슴 부분에서는 꽃가루도 발견되었다. 시신에 꽃을 바친 것으로 짐작되는데 이것은 그 때 장례풍습이 있었다는 것을 알려 주는 증거이다. 두루봉 동굴은 현재 석회암 광산이 되어 있으며, 구석기시대 유적이라는 팻말조차 없어서 유적을 쉽게 찾기도 힘들다. 노현리 마을 회관(노현리 600-15)까지 간 다음, 청남대 방향으로 가다보면 길을 찾을 수 있다.

소중한 구석기 유적이 채석장으로 개발되면서 파괴될 위기에 놓였는데 동굴을 보존하면서 개발도 할 수 있는 방법은 없는지 안타까운 마음이 든다.

문의문화재단지 내 문화유물전시관

문의문화재단지는 대청댐이 건설되면서 물에 잠기게 된 문화재들을 한곳에 모아놓은 곳이다. 구석기시대부터 조선시대까지 다양한 전통 문화를 접할 수 있다. 문화유물전시관 선사전시관에서는 청원 두루봉 동굴에서 발견된 흥수아이와 구석기시대 생활모습을 재현해 놓았다. 여러 시대를 같이 전시하다보니 산만한 느낌도 든다.

위치 충청북도 청원군 문의면 대청호반로 721

문의문화재단지

상시 바위그늘 유적

위치 충청북도 단양군 매포읍 상시리 상시 마을

단양군 상시 마을 북동쪽에 높이가 약 200미터 정도 되는 석회암 산이 있는데, 이곳에서 구석기시대 화석들이 발견되었다. 바위그늘이라고 하는 까닭은 바위벽이 움푹 들어간 곳으로 굴이라고 부르기에는 깊지 않기 때문이다. 이 유적은 바위그늘 3개로 이루어져 있는데 굴마다 시대가 다른 유물이 발견되었다. 그 가운데 1바위 그늘과 3바위 그늘이 구석기 유적이다. 북쪽으로부터 차례로 약 5만 년 전에 살았던 동물뼈, 슬기 사람(호모사피엔스)머리뼈 조각, 이빨, 어깨뼈 등이 발견되었다. 상시 그늘에서 발견된 사람이라고 해서 '상시인'이라고 부른다. 주유소 맞은편에 자리 잡고 있는 2,3그늘은 신석기부터 청동기시대 유물이 발견되었다.

상시 바위그늘

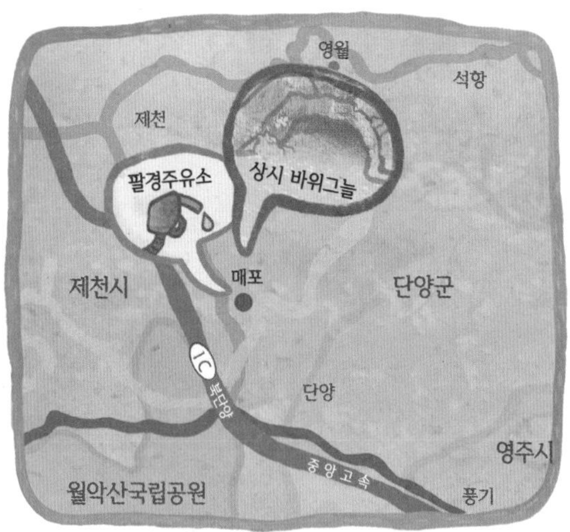

상시 바위그늘 찾아가는 길
북단양 IC로 나와 제천 방향으로 10분 정도 가면 도로 건너편에 팔경주유소가 있는데 그 뒤쪽에 있다.

전곡리 선사 유적지

 전곡리 구석기 유적지

위치 경기도 연천군 전곡읍 평화로 443번길 2

전곡리 유적지는 한탄강변에 있는 구석기 유적으로 한탄강과 임진강 줄기를 따라 펴져 있는 구석기시대 유적 가운데 가장 규모가 큰 곳이다.

이곳에서는 구석기인들이 쓰던 주먹도끼가 발견되었는데 유럽과 아프리카에서 발견된 대표적인 구석기 초기시대 유물인 아슐리안 주먹도끼가 동북아시아에서도 사용되었다는 것을 처음으로 밝혀준 곳이다.

현재는 잔디가 깔려 있지만 주먹도끼가 발견될 당시에는 밭이었다고 한다.

● 토층 전시관
●● 토층 전시관 내부

전곡리 토층 전시관

위치 경기도 연천군 전곡읍 평화로 443번길 2

전곡리 유적 안에 있는 토층 전시관은 미군 병사인 그렉 보웬이 전곡리에 놀러 왔다가 우연히 주먹도끼를 발견한 장소를 보존해 놓은 곳이다.

전곡리가 오래전에 화산 지역이었다는 것을 확인할 수 있고, 주먹도끼를 발굴하는 과정을 자세히 볼 수 있다.

선사체험마을

선사체험마을

전곡리 선사유적지 내에 있는 선사체험마을에서는 구석기시대 생활을 경험해 볼 수 있다. 선사시대 사람들처럼 도구를 만들고 사용해 볼 수 있고 선사시대 사람들이 살던 집에서 직접 생활도 해 볼 수 있다.

전곡 선사 박물관

위치 경기도 연천군 전곡읍 평화로 443번길 2

전곡리 선사 박물관은 전곡리에서 발견된 주먹도끼 5점 덕분에 세워졌다. 지금은 2점만 진품으로 전시되어 있고, 나머지는 서울에 있는 국립중앙박물관에 전시되어 있다.

박물관 정식 이름은 '경기도 도립박물관'이다.

건물은 뱀 모양으로 만들었는데 파충류 가운데 오래된 종류인 뱀과 인류가 시작된 구석기를 접목시켜 표현한 것이다.

건물 바깥벽은 스테인리스로 만들었고, 자연이 변화하는 것을 그림처럼 반사시키면서 사계절을 나타내고 있다. 실내는 동굴 느낌으로 만들어 인류가 진화한 과정을 모형으로 보여주고 있다. 전시된 동물은 모형이 아니고 박제이다.

박물관을 둘러보기 전에 15분 정도 되는 영상물을 미리 보고 관람하면 좀 더 실감나게 전시물을 이해할 수 있다.

전곡 선사 박물관

더 깊이 알기

1. 지구에서 처음으로 인류가 살기 시작한 곳은 어디인가요?

2. 첫 인류인 오스트랄로피테쿠스가 원숭이와 구별 되었던 점은 어떤 것인가요?

3. 인간이 불을 사용함으로써 달라진 것은 무엇인가요?

4. 한반도에 호모에렉투스(곧선사람)가 들어온 때는 언제인가요?

5. 한반도에 들어온 호모에렉투스는 어떤 생활을 했나요?

6. 호모에렉투스가 남긴 유물에는 무엇이 있나요?

7. 양면 석기를 만들어 쓰기 시작한 사람들을 어떻게 부르나요?

8. 호모사피엔스사피엔스는 어디를 통해서 한반도에 들어왔나요?

생각해보기

1. 인류가 아프리카에서 처음 시작된 까닭은 무엇일까요?

2. 살기 좋았던 아프리카를 버리고 사람들이 전 세계로 퍼져 나간 까닭은 무엇일까요?

3. 시체를 땅에 묻은 것으로 보아 구석기 사람들은 어떤 생각을 가지고 있었을까요?

4. 구석기 유적 답사에서 가장 기억에 남는 것은 무엇인지 그린 다음, 그 까닭을 써 보세요.

가장 기억에 남는 것
그린 까닭

02 신석기 혁명

한반도에서는 약 1만 년 전부터 신석기시대에 접어들었다. 신석기시대 사람들은 빗살무늬토기를 만들어 곡식을 보관하고 음식을 끓이거나 삶는 데 이용했다. 그리고 돌을 갈아서 구석기시대보다 더욱 편리하고 세련되게 다듬은 도구를 만들었는데 이를 '간석기'라고 부른다.

신석기시대 사람들은 먹을거리와 잠자리를 찾아 이동하지 않고 한곳에 머물러 사는 정착생활을 했다. 강가나 바닷가에 구덩이를 파고 둘레에 기둥을 세운 다음, 풀을 엮어 움집을 지었다. 움집 가운데에는 화덕을 만들어 불을 피워 추위를 막았고, 음식도 익혀 먹었다. 이들은 물고기나 조개를 주로 먹고 살았다.

한반도에서 신석기시대 흔적은 큰 강이나 해안가에서 주로 발견된다. 사냥할 때 쓰는 돌창이나 돌화살촉, 돌 그물추나 뼈로 만든 낚시 바늘도 발견되었다. 거대한 조개무지도 발견되었는데, 조개무지는 신석기시대에 살았던 사람들이 조개를 먹고 껍데기를 버린 쓰레기장 같은 곳이다.

이 시대를 '농경과 목축' 시대라고 부르는데, 누군가가 어느 날 갑자기

"자, 지금부터 농사를 짓고, 동물을 기르기 시작하자!"

라고 선언해서 시작된 것은 아니다. 구석기시대가 아주 오랜 시간동안 서서히 변화되어서 신석기시대가 된 것이다. 신석기시대가 되면서 농사를 짓고 동물들을 길렀지만 채집이나 사냥, 물고기 잡이 같은 구석기시대 생활도 했기 때문이다.

인간이 처음으로 기른 동물은 '개'였고, 시간이 지나면서 돼지나 닭도 기르게 되었다. 또 실로 옷감을 짜거나 동물 가죽으로 옷을 만들어 입었고, 동물 뼈나 뿔, 조개껍데기 등으로 멋을 내는 문화생활도 했다.

정착생활을 하면서 자연을 오랫동안 관찰할 수 있게 되자, 해, 달, 산, 강, 동물, 나무 등에도 영혼이 깃들어 있다는 믿음을 갖게 되었다. 그래서 자연을 믿고 따르는 애니미즘이나 동물을 섬기는 토테미즘 같은 종교도 생겨났다.

바라는 것이나 사는 모습을 바위에 새기기 시작했다. 이를 '암각화'라고 부른다. '울주 암각화'나 '천전리 각석'은 이 시대 사람들이 남긴 것이다.

이런 변화는 아주 오랫동안 천천히 일어났지만 옮겨 다니던 생활에서 농경과 목축을 하게 되면서 동물처럼 떠돌아 다니지 않고 한곳에 머물러 사는 정착 생활을 하게 되었다. 그래서 '신석기 혁명'이라고 부른다.

강화역사박물관

위치 인천광역시 강화군 하점면 강화대로 994-19 고인돌 공원내

사적 제137호인 강화고인돌공원에 있는 강화역사박물관은 2010년 10월 23일에 문을 열었다. 강화고인돌공원은 세계문화유산으로 지정되었다.

강화역사박물관은 강화에서 나온 유물들이 주로 전시되어 있는데, 선사시대부터 근대와 현대까지 발굴된 유물들을 통해 강화도 역사와 문화를 생생하게 알 수 있다.

강화에 있는 고인돌이 남방식인지 또는 북방식인지 살펴보자.

국립중앙박물관 고대실 - 신석기실

위치 서울특별시 용산구 서빙고로 137

기원전 8천 년에서 기원전 1천 년 무렵에, 사람들은 간석기를 만들어 사용하고 정착생활을 하기 시작했다. 물과 식량이 풍부한 바닷가나 강가에서 움집을 짓고 살았다. 고기잡이도 하고 사냥도 하며 열매나 식물을 채집하기도 했지만, 조나 기장 같은 곡식을 재배하는 농사도 지으며 살았다.

간석기나 뼈를 이용해 만든 도구들로 식량을 쉽게 구하게 되었으며, 토기를 만들어 식량을 저장하고 음식을 조리하는 데 사용했다.

이들은 식물에서 실을 뽑아 옷감을 만들거나 동물 가죽으로 옷을 만들어 입었다. 옥돌, 동물 뼈와 뿔, 조가비 등으로 몸을 치장했다.

신석기시대 유적으로는 움집터와 무덤, 조개더미 등이 있으며, 전국에 4백여 곳이 있다. 대표적인 유적은 서울 암사동, 강원 양양 오산리, 부산 동삼동 등이다.

이런 선사시대 유물을 보려면 지방에 있는 박물관들을 관람하면 된다.

빗살무늬토기

암사동 선사유적지

위치 서울특별시 강동구 올림픽로 875

암사동 선사 주거지는 신석기시대 유적지로는 가장 큰 마을 유적이다. 약 6천 년 전에 우리 조상들이 살았던 흔적으로, 사적 제267호로 지정되었다.

1925년, 한강에 큰 홍수가 나면서 한강변에 있는 모래언덕이 심하게 패였는데, 이때 수많은 빗살무늬토기 조각이 발견되었다.

한반도에서 가장 먼저 발견된 이 유적은 기원전 4~3천 년 무렵에 사람이 살았던 흔적으로 짐작된다. 이곳 사람들은 움집에 살면서 물고기 잡이와 사냥을 했다.

암사선사주거지 안내도

움집은 움구덩이 둘레에 서까래 역할을 하는 통나무를 빙 둘러 세우고 끝을 움집 가운데로 모은 다음 하나로 묶어서 만들었다. 그리고 나뭇가지나 갈대, 억새 등으로 겉을 덮었다.

집터에서는 빗살무늬 토기가 발견되었다. 이 토기는 한반도에서 많이 발견되는 토기로, 밑 모양에 따라 뾰족 밑 토기, 납작 밑 토기, 그리고 둥근 밑 토기로 나눈다.

여러 가지 돌로 만든 도구도 발견되었는데 돌화살촉, 돌도끼, 긁개, 공이, 갈판과 갈돌 등이다. 돌화살촉과 돌도끼, 그리고 긁개는 들짐

사진으로 배우는 움집 세우는 방법

집 지을 터를 정하고 구덩이를 판다.

구덩이 가장자리에 나무기둥을 빙 둘러 세우고 나무 기둥 끝을 가운데로 모아서 하나로 단단히 묶는다.

나뭇가지나, 갈대, 억새 등으로 지붕을 덮는다.

가운데에 화덕을 만들어 추위를 막고 음식을 만들어 먹는다.

승을 사냥하거나 사냥한 짐승 가죽을 벗기는 데 썼고, 공이는 짐승 뼈나 딱딱한 열매 같은 것을 부수는 데 썼으며, 갈판과 갈돌은 도토리 같은 열매를 갈아서 가루를 내는 데 썼을 것으로 짐작한다.

지금도 사람이 많이 살고 있는 도시 가까이에 신석기시대 유적이 많이 있는데, 이것은 사람들이 아주 오랜 옛날부터 살기 편한 곳에 모여 살았다는 것을 알려주는 증거이다.

신석기시대 사람들 화장실은 어디였을까?

오산리 선사유적박물관

위치 강원도 양양군 손양면 학포길 33번지

사적 제 394호, 오산리 선사유적박물관은 양양군 손양면 오산리에 있는 선사시대 유적지에 세운 박물관으로 선사시대 역사와 문화를 쉽게 이해할 수 있는 유물들이 전시되어 있다.

신석기 사람들이 움집에서 어떻게 생활했는지 알 수 있도록 모형이 만들어져 있고, 출토된 덧무늬 토기, 그물추, 돌도끼, 돌칼, 흑요석, 토기인면상 등도 전시해 놓았다.

특히 둥근 점토판을 손가락으로 눌러서 사람 얼굴 모양을 표현한 '토기인면상'은 우리나라에서 '신'을 만든 것 가운데 가장 오래된 것으로 아주 귀중한 자료다.

백두산 화산폭발에 의해 만들어진 흑요석도 발견되었는데 그것을

● 오산리유적박물관 전시관 입구
●● 덧무늬토기

통해서 그때 사람들이 문화교류를 어떻게 했는지 짐작할 수 있다. 이곳에 살았던 신석기 사람들은 주로 물고기를 잡고 열매를 따먹었던 것으로 짐작된다.

이밖에도 강원도 영동지방에 있는 선사문화유적들을 쉽게 알 수 있도록 전시하고 있다.

생각거리 각 지역마다 특징이 다른 토기가 출토되는 까닭은 무엇일까요?

 울산 암각화 박물관

위치 울산광역시 울주군 두동면 반구대안길 254

울산 대곡리에 있는 반구대암각화는 태화강 줄기인 대곡천가 절벽인 '건너 각단'이라고 부르는 곳에 그려져 있다. 그림이 많이 그려져 있는 바위면 크기는 너비 10미터 높이 3미터이다. 그리고 좌우에도 그림들이 있는데, 암각화가 새겨져 있는 바위는 모두 10여 개 정도 된다.

신석기시대부터 오랫동안 새겼을 것으로 짐작되는데 고래가 자세히 새겨져 있다.

그밖에도 바다동물과 육지동물, 사람, 도구 등이 새겨져 있다. 고래, 물개, 거북이, 사슴, 멧돼지, 개, 호랑이 같은 동물들도 많이 볼 수 있고, 사람은 얼굴만 그린 경우와 앞을 보고 바로 선 모습, 옆으로 선 모습, 배에 탄 모습 등도 볼 수 있다. 또 배, 울타리, 그물, 작살, 노(弩)와 비슷한 물건 등도 볼 수 있다.

신석기시대 사람들이 사냥이 잘 되어서 동물들을 많이 잡을 수 있게 해 달라거나 사냥할 동물들이 많아지기를 바라는 마음을 신성한 장소에 있는 바위에 새긴 것으로 짐작된다. 동물들에 대한 특징을 잘 표현하고 사냥하는 장면을 생생하게 표현해서 선사시대 사람들이 살던 모습과 풍습을 알 수 있다.

반구대암각화는 1965년 12월에 사연댐이 생긴 뒤부터는 봄부터 가을까지는 물속에 잠겨 있다가 댐에 물이 줄어드는 기간인 11월 무렵부터 다음 해 5월 무렵까지는 물 밖으로 모습을 드러낸다. 그러나 강 건너까지 밖에 사람이 갈 수 없기 때문에 거리가 너무 멀어서 거의 보이지 않는다. 강 건너편에 설치된 망원경으로도 선명하게 볼 수는 없다. 대신 반구대암각화 건너편에 대형 모형도를 설치해 놓았다.

원래는 물 밖에 있던 바위였지만 댐이 생겨서 물이 드나들면서 그림이 새겨진 바위에 이끼가 끼었고, 그림이 그려진 바위조각들도 많이 떨어져 나가 버렸다. 배를 타거나 얼음이 얼

물에 잠긴 반구대암각화

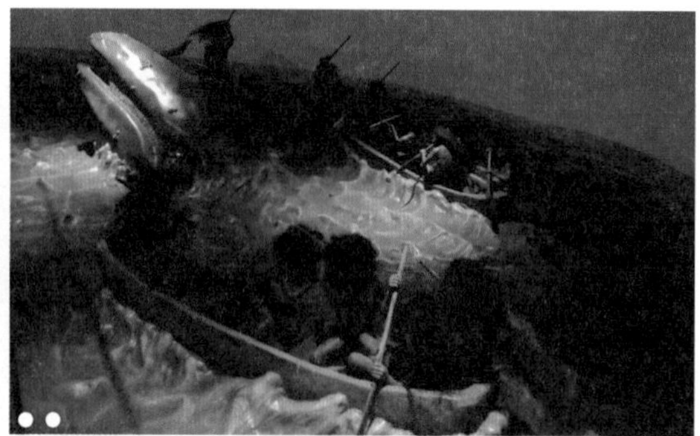

● 바위그림 새기는 모습 (암각화 전시관)
●● 고래잡이 모습 모형도 (암각화 전시관)

었을 때 가까이 건너가도 이제는 원래 바위그림 그대로를 볼 수는 없다. 그래도 반구대암각화를 찾아가서 보려는 까닭은 신석기시대부터 이 땅에 살았던 우리 조상들이 소원을 빌었던 곳이기도 하며, 우리가 기억해야할 조상들 흔적이기 때문이다.

반구대암각화 가는 길 들머리에 전시관이 있다. 고래 모양으로 된 이 전시관에는 반구대암각화 및 천전리 각석 실물 모형을 전시하고 암각화에 대한 모든 것을 이해하기 쉽도록 설명한 영상을 보여준다. 또 선사시대 생활모습도 알기 쉽게 모형으로 만들어 전시하고 있다.

반구대암각화에 가장 많이 그려진 동물은 무엇일까?

울산 암각화 박물관 건물은 어떤 모양인가요?

울산 반구대암각화 박물관

천전리 각석

위치 울산광역시 울주군 두동면 천전리 산 210

국보 제147호인 울주 천전리 각석은 우리나라에서 처음으로 발견된 암각화 유적이다. 대곡천변에 있는데, 15도 가량 앞으로 기울어진 돌 벽에 여러 가지 그림들이 새겨져 있다. 윗부분에 있는 마름모꼴무늬, 굽은 무늬, 둥근 무늬, 우렁 무늬, 사슴, 물고기, 새, 뱀, 사람얼굴상 등은 신석기시대에서 청동기시대에 새겨진 것으로 짐작되며 그 시대 사람들이 사냥과 농사가 잘되기를 바라는 마음을 담은 것으로 짐작한다. 밑 부분에 새겨진 기마행렬, 항해 모습, 용, 말, 사슴 그림, 300여 개 정도 되는 글자들은 삼국 및 통일신라시대 사람들이 남긴 것으로 신라 사람들도 이곳을 신성한 장소로 여겼음을 짐작하게 한다.

생각거리 어떤 도구로 바위에 그림을 새겼을까요?

울주 천전리 각석

더 깊이 알기

1. 신석기시대 사람들이 사용한 도구들에는 어떤 특징이 있나요?

2. 신석기시대 사람들이 주로 사용한 토기는 무엇인가요?

3. 신석기시대 사람들은 주로 어디에서 살았나요?

4. 신석기시대 사람들이 집단생활을 한 흔적은 무엇인가요?

5. '신석기혁명'이라고 부르는 까닭은 무엇인가요?

6. 인간이 처음으로 기른 동물은 무엇인가요?

7. 바위에 새긴 그림을 무엇이라고 부르나요?

생각해보기

1. 유물과 유적으로만 신석기시대 사람들이 살았던 생활모습을 짐작하는 까닭은 무엇일까요?

2. 신석기시대 사람들이 토기를 만든 까닭은 무엇일까요?

3. 신석기시대 사람들이 바위에 그림을 새긴 까닭은 무엇일까요?

4. 신석기시대 유적지 중에서 가장 기억에 남는 것은 무엇인지 그린 다음, 그 까닭을 써 보세요.

가장 기억에 남는 것
그린 까닭

03 청동기문화와 고조선

역사 이야기

기원전 2000년 무렵에 한반도와 만주에 살던 사람들이 청동으로 도구를 만들기 시작했다. 그동안 써 오던 석기보다 날카롭고 가벼웠으나 재료인 구리를 구하기 어려웠다. 그래서 지배계급이 쓰는 무기나 장신구에만 사용되었고, 생활도구는 나무나 돌로 만들고 민무늬토기를 사용했다.

청동기시대에 사람들은 강가에 있는 낮은 산이나 언덕에 움집을 짓고 살며 농사를 지었다. 고랑을 내고 김을 매는 것 같은 농사법으로 생산량을 늘렸다. 조, 보리, 콩, 벼 등을 재배하였는데 반달돌칼로 편하게 수확을 했으며 맷돌로 곡식을 가공했다.

지배자나 권력자가 죽으면 거대한 돌무덤인 고인돌이나 돌널무덤을 만들었다. 청동검이나 청동거울 같은 껴묻거리도 같이 묻었다.

청동기문화가 이루어지면서 만주와 한반도에 족장이 다스리는 부족연맹체가 나타나기 시작했다.

곰에서 변한 여자와 환웅 사이에서 태어난 단군왕검이 둘레부족들을 합쳐서 나라를 세웠다. 널리 인간을 이롭게 한다는 홍익인간 정신으로 기원전 2333년에 세워진 이 나라가 바로 고조선이다.

청동기문화가 점점 발전하자 강력한 국가로 성장한 고조선은 둘레부족들을 통합해 영토를 넓혀 나갔다. 기원전 4세기 무렵이 되자 요령지방과 만주, 그리고 한반도 북부 지역을 아우르는 큰 국가로 발전했다.

기원전 194년에 서쪽 지방을 다스리던 위만이 준왕을 몰아내고 고조선 왕이 되었다. 이때부터 철기문화가 널리 퍼지면서 고조선도 더욱 커졌다. 남쪽에 자리 잡은 진을 비롯한 둘레나라들과 하나가 되어 한나라와 중계무역을 했다.

또 고조선은 '사람을 죽인 자는 사형에 처한다. 남에게 상처를 입힌 자는 곡식으로 갚는다. 도둑질한 자는 종으로 삼는다. 종이 되지 않으려면 돈 50만 전을 내야한다'를 비롯한 '8조 법금'으로 나라를 다스렸다.

고조선이 강력한 국가로 성장하자 한나라는 군대를 보내, 고조선 수도인 왕검성을 포위하고 공격했다. 고조선 우거왕은 1년 동안이나 맞서 싸웠으나 결국 왕검성이 함락되고 기원전 108년 고조선은 멸망하고 말았다.

강화 마니산 참성단

위치 인천광역시 강화군 화도면 흥왕리 산 42-1번지

마니산 참성단은 높이 469미터인 마니산 정상에 있는 제단이다.

강화도에서 가장 높은 마니산은 원래 이름이 두악(頭嶽)이어서 마리산 또는 머리산이라고도 부른다.

본래는 강화도와 떨어진 '고가도'라는 섬이었으나 가릉포와 선두포에 둑을 쌓아 강화도와 연결되었다.

백두산, 묘향산과 함께 단군왕검이 하늘에서 내려온 곳이라고 해서 산 정상에 참성단을 쌓았다.

이곳에서 전국체육대회때 성화를 채화하고 해마다 개천절이 되면 하늘에 제사를 올린다.

마니산 참성단

강화 오상리 고인돌군(내가지석묘)

오상리 고인돌군은 땅위로 드러난 받침돌 안에 시체를 모시는 북방식(탁자식) 고인돌이 11기가 모여 있는 곳으로, 다른 북방식 고인돌에서 나오는 껴묻거리인 돌칼, 돌화살촉, 민무늬토기 등이 나왔다. 어른이 들어갈 수 없을 정도로 작은 것에서부터 가장 큰 것은 덮개돌 길이가 370센티미터, 너비 335센티미터, 두께가 50센티미터 정도 되는 것도 있다.

위치 인천광역시 강화군 내가면 오상리 산 125번지

오상리 고인돌군

생각거리 크고 작은 고인돌이 한 무리로 자리를 잡고 있는 까닭은 무엇일까요?

강화 고천리 고인돌군

고천리 고인돌군은 높이가 436미터인 고려산 정상에서 서쪽 봉우리인 낙조봉 쪽으로 높이 350미터 능선에 자리 잡은 고인돌군으로 세 군데로 나뉘어서 모두 18기가 있다.

우리나라에 있는 다른 고인돌들은 대체로 평지나 낮은 언덕에 있는데 이 고인돌들은 매우 높은 곳에 자리 잡고 있다. 그러므로 답사를 하려면 큰 길에서 벗어나 마을길을 지나서 산길을 한참 걸어 올라가야 한다.

위치 인천광역시 강화군 내가면 고천리 산 96번지

고천리 고인돌군

이 고인돌들 가운데 1기만 원형을 보존하고 있고, 나머지 대부분은 덮개돌이 미끄러져 내렸거나 받침돌이 쓰러져서 무너진 채로 발견되었다. 그리고 능선 부근에서 돌을 떼어낸 채석장이 발견되었다.

생각거리 고천리 고인돌이 다른 고인돌처럼 평지나 낮은 언덕에 자리 잡지 않고 높은 산 중턱에 자리 잡은 까닭은 무엇일까요?

강화 삼거리 고인돌군

위치 인천광역시 강화군 하점면 삼거리 산 120번지

삼거리 고인돌군은 높이가 436미터인 고려산 북쪽 능선에 북방식 고인돌 10여 기가 세 군데에 나뉘어서 자리 잡고 있다.

이곳에 있는 고인돌 덮개돌에는 성혈(性穴)이라는 작은 구멍을 볼

삼거리 고인돌군

수 있는데 이 구멍은 별자리를 표시한 것으로 짐작한다. 이 고인돌군도 산 중턱과 능선에 자리 잡고 있어서 주차장에서 한참을 걸어 올라가야 한다.

 강화 점골 지석묘

점골 지석묘는 고려산 북쪽 능선 끝자락에 있는 마을 앞에 자리 잡고 있으며 고인돌 앞으로 2차선 도로가 지나가고 있어서 눈에 잘

위치 인천광역시 강화군 하점면 부근리 743-6

강화 점골 지석묘

띈다. 덮개돌 길이가 428센티미터쯤 되고 너비가 370센티미터, 높이는 185센티미터쯤 된다. 덮개돌과 받침돌이 기울여져 무너져 있던 것을 2009년에 해체하여 다시 세웠다.

 강화 지석묘

위치 인천광역시 강화군 하점면 장영양오길 136-3

강화 지석묘는 지금까지 남한에서 발견된 북방식 고인돌 가운데 가장 큰 것으로 높이가 260센티미터나 된다.

덮개돌은 길이가 660센티미터나 되고, 너비는 520센티미터, 두께는 120센티미터나 된다. 덮개돌을 지탱하는 받침돌 두 개는 그대로 남아 있으나 돌방을 막았을 것으로 보이는 판돌은 없어져서 돌방이 긴 터널처럼 보인다.

북방식(탁자식) 고인돌은 덮개돌 무게가 10톤이 넘지 않는 것이 보통인데 이 고인돌은 50톤 정도이다. 이 덮개돌을 받침돌 위에 올리기 위해서는 통나무를 바닥에 깔고 줄로 당겨서 끌었을 것으로 짐작하는데 이 일을 하기 위해서는 어른남자 500명 정도가 있어야 한다. 남자 한 명에 가족을 5명으로 계산하면 적어도 2500명이나 되는 무리가 있어야 한다는 뜻이 된다. 그러므로 이 무덤 주인공은 적어도 2500명이나 되는 무리를 이끄는 권력자였음을 미루어 짐작할 수 있다.

강화 지석묘

어떤 고인돌 덮개돌은 무게가 100톤이 넘는 것도 있다고 하는데 돌이 클수록 거느리는 사람이 많아야 한다는 뜻이니 돌이 크면 클수록 권력도 컸음을 알 수 있다.

강화역사박물관

강화 고인돌공원(강화지석묘)안에 자리 잡고 있는 강화역사박물관은 2010년 10월 23일에 문을 열었다. 강화에서 나온 유물들을 중심으로 선사시대부터 근현대까지 역사와 문화를 전시하고 있다.

2층 전시실에는 고인돌을 만드는 과정이 인형으로 재현되어 있어

위치 인천광역시 강화군 하점면 강화대로 994-19번지

강화역사박물관

서 고인돌을 만들기 위한 준비과정부터 완성까지 한눈에 볼 수 있다.

그리고 마니산 참성단 모형을 비롯해 청동기시대 유물들이 전시되어 있다.

태백산 천제단

위치 강원도 태백시 소도동 태백산 정상

해마다 10월 3일인 개천절에 하늘에 천왕제라는 제사를 지내는 태백산 천제단은 '천왕단(天王壇)'이라고도 부른다. ≪삼국사기≫와 ≪고려사≫에 제사를 지냈다는 기록이 있는 것으로 보아 오래전부터 하늘에 제사를 지낸 것으로 짐작된다.

제단 규모가 우리나라에서 가장 크고 지금까지도 제사가 이어져 오고 있는데 제사를 집행하는 제관이 되면 1년 동안 목욕재계하고는 제사 때가 되면 산에서 자고 자정에 제사를 올렸다고 한다.

정상으로 가장 빨리 올라 갈 수 있는 곳은 유일사 주차장으로 정상까지 2시간이 걸리며 석탄박물관쪽으로 나 있는 등산로를 따라 올라가도 된다.

태백산 천제단

강화 고인돌

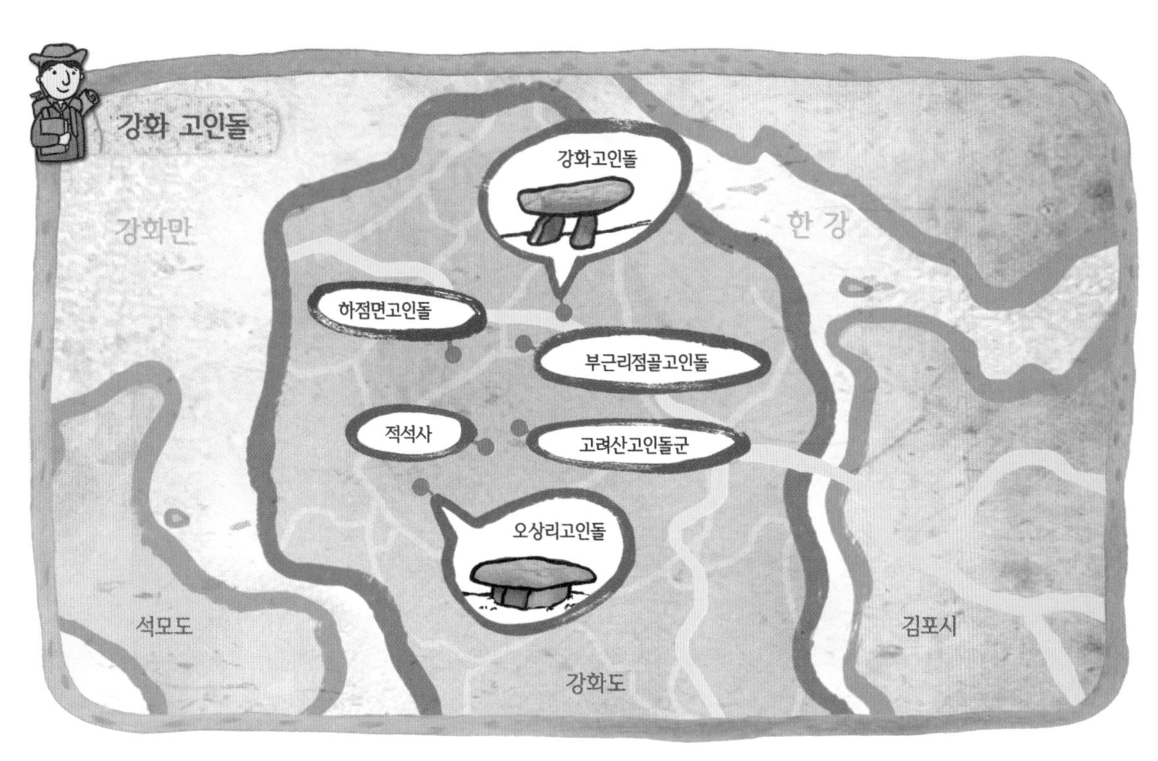

고인돌 만드는 과정

❶ 돌 깨기

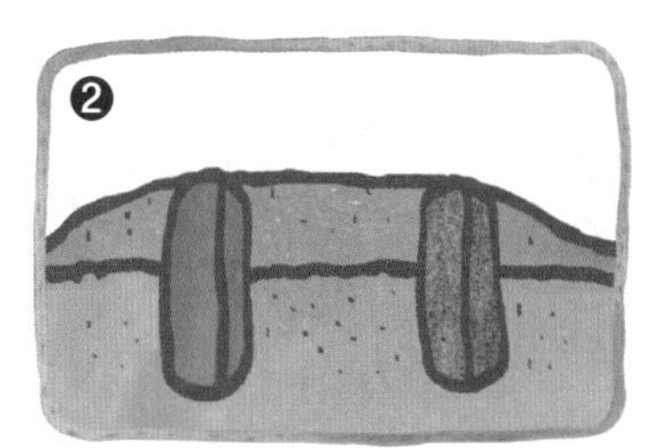

❷ 받침돌 세우기

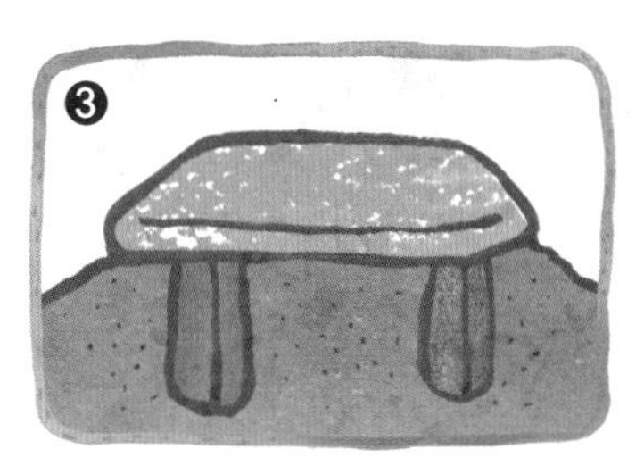

❸ 덮개돌 올리기

❹ 흙 치우고 시신안치한 다음 막음돌 세우기

❺ 고인돌에 제사 지내기

더 깊이 알기

1. 청동기는 주로 누가 어디에 쓰는 물건들을 만드는 데 쓰였나요?

2. 청동기시대 사람들은 주로 어디에 모여 살았나요?

3. 청동기시대 사람들은 왕이나 권력자가 죽으면 커다란 돌무덤을 만들었는데 이것을 무엇이라고 하나요?

4. 단군왕검이 세운 나라는 무엇인가요?

5. 단군왕검이 나라를 세울 때 내세운 건국이념은 무엇인가요?

6. 고조선을 다스리던 법 이름은 무엇인가요?

7. 고조선이 둘레나라들을 통합해 한나라와 했던 무역방식은 무엇인가요?

생각해보기

1. 왕이나 권력자가 죽으면 고인돌을 만들었던 까닭은 무엇일까요?

2. 고인돌을 만들기 위해서 필요한 것들은 무엇이 있을지 생각나는 것을 모두 써 보세요?

3. 이번 답사에서 가장 기억에 남는 고인돌은 어떤 것인지 그린 다음, 그 까닭을 써 보세요.

가장 기억에 남는 것
그린 까닭

04 아리수에서 일어난 해상왕국

역사 이야기

주몽이 유리에게 왕위를 물려주자 왕비인 소서노와 아들인 온조와 비류는 졸본을 떠나 남쪽으로 내려갔다. 비류는 미추홀(인천)로 갔지만, 온조는 한강 유역인 하남 위례성에 도읍을 정하고 나라 이름을 '십제'라고 했다.

그런데 미추홀은 소금기가 많아 농사짓기가 힘들고 살기도 힘들었다. 비류가 죽고 백성들이 하남 위례성으로 돌아오자 온조는 나라 이름을 '백제'라고 했다.

하남 위례성은 넓고 기름진 평야가 있어서 농사짓기가 좋았고, 한강을 따라 바다로 진출하여 다른 나라와 문물을 쉽게 주고받을 수 있었다.

8대 임금인 고이왕은 마한 땅에 있던 큰나라인 목지국을 무너뜨리고 여러 제도를 정비했다. 귀족들에게 16등급으로 관직을 정해주고 그 가운데 가장 높은 여섯 명에게 '좌평' 벼슬을 주었다. 또한 관리가 뇌물을 받으면 엄한 벌을 내렸다. 율령을 반포하여 나라 법을 통일했고, 임금이 강력한 힘으로 다스리는 전제왕권을 확립하여 중앙집권 국가로 나아가는 발판을 마련했다.

백제 전성기를 이끈 임금은 13대 근초고왕이었다. 평양성으로 쳐들어가 고구려 고국원왕을 전사시키고 마한 지역을 모두 정복해 북으로는 황해도, 동으로는 낙동강, 남으로는 호남 지방까지 영토를 넓혔다.

또 중국과 한반도, 왜를 잇는 빠른 뱃길을 개척해 해상왕국으로 발전했다. 중국에 있는 동진에 사신을 보내 선진 문물을 받아들이고, 왜에는 아직기와 왕인을 보내 문화를 전했다. 왜에 세워진 아스카문화는 아직기를 일본식으로 부른 '아스카이'에서 따온 말이라고 한다. 그리고 요서와 중국 산둥 지방까지 세력을 넓혔다.

15대 침류왕 때는 동진에서 불교를 받아들여 나라 종교로 삼았다.

이렇게 번영을 누리던 백제는 17대 아신왕 때 고구려 광개토대왕으로부터 공격을 받아 한강 북쪽땅을 빼앗겼다. 또 장수왕이 수도를 국내성에서 평양으로 옮기고 남쪽으로 영토를 넓히려고 하자 20대 비유왕은 신라 눌지왕과 동맹을 맺고 고구려에 맞섰다.

무리한 토목공사를 벌여서 민심을 잃은 개로왕은 장수왕에게 공격을 받아 전사하고 하남 위례성이 함락되었다. 이로써 백제는 한강 유역을 잃고 수도를 금강 유역인 웅진으로 옮겼다.

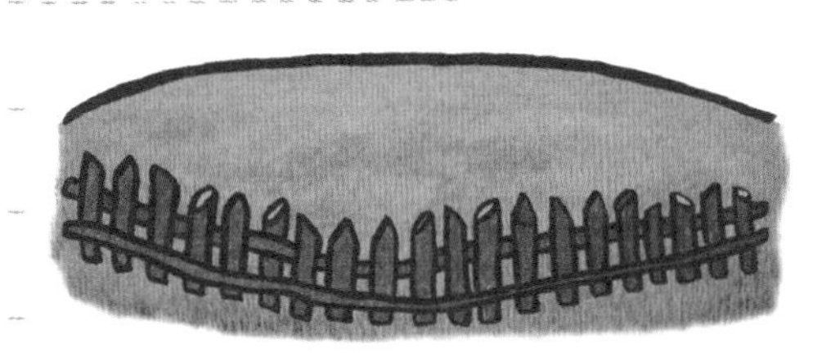

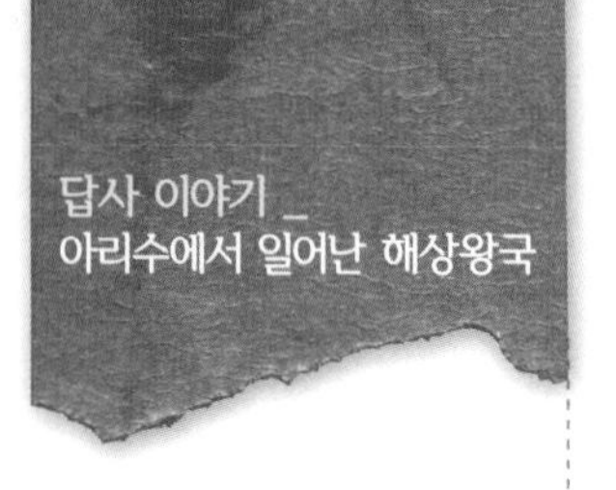

몽촌토성

위치 서울특별시 송파구 올림픽로 424

몽촌토성은 한성백제시대에 만들어진 성으로 올림픽공원 안에 자리 잡고 있다. 길이가 약 2700미터로 한성에 자리 잡은 백제가 고대 국가로 성장하던 시기인 3~4세기 사이에 만들어진 것으로 짐작된다.

남한산성에서 뻗어 내린 구릉을 이용해 외성과 내성으로 쌓은 이중구조 성이다.

북쪽에는 바로 풍납토성이 있고, 한강 건너편에는 아차산성(阿且山城)이 있으며, 서쪽에는 삼성동토성, 동쪽에 이성산성, 남쪽에는 백제시대 고분군 등이 자리 잡고 있다.

진흙을 쌓아 성벽을 만들고 목책을 세웠으며 성벽 밖으로는 해자를 둘러서 방어하기 쉽도록 만들었다.

● 몽촌토성
●● 몽촌토성 목책
●●● 몽촌토성 해자

지금은 해자를 연못으로 꾸며 놓아서 호수처럼 보인다. 몽촌토성은 88올림픽 때 체육시설을 세우기 위해서 1983년부터 1989년까지 모두 6차례에 걸쳐 발굴을 했다. 이때 토기, 옥, 돌, 금속, 목, 뼈 등으로 만든 물건들이 많이 발굴되었다.

유적으로는 반지하 움집터 12곳, 건물터, 저장 구덩이 등이 발견되었다. 그리고 성문이 3개 있었던 것으로 짐작되는데 남문, 동문, 북문 흔적이 지금도 남아 있다.

몽촌토성을 방어가기 위해 성벽 바깥에 세웠던 목책 흔적이 발견되어 일부를 복원해 놓았다

바로 옆에 있는 풍납동토성은 1세기 무렵에 만들어진 것으로 짐작되고 있어서 몽촌토성과 풍납토성이 깊은 관련이 있는 것으로 보인다.

몽촌역사관

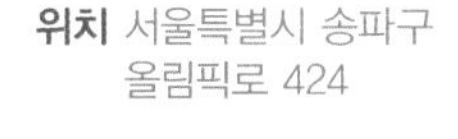

몽촌토성 안에 있는 몽촌 역사관은 진품은 아니지만 몽촌토성에서 발굴된 유물과 한강 둘레에서 발견된 백제 유물들, 한성백제시대 움집 자리와 고분 모형, 공주와 부여에서 출토된 각종 장신구, 일본에 있는 백제 유물들을 볼 수 있고, 여러 가지 체험을 할 수 있다.

몽촌역사관

● 백제 움집터
●● 움집터 내부

백제 움집터

위치 서울특별시 송파구 올림픽로 424

백제 움집터는 모두 12곳이 발굴되었고, 저장구덩이로 30여 개가 발견되었다. 움집터와 저장구덩이는 대부분 높은 곳에 자리 잡고 있다.

전시되고 있는 움집터는 동벽 바로 옆 성벽 위에 있는 것으로 보아 군사들 숙소였을 것으로 보인다.

움집 규모는 벽 길이가 4~6미터 정도이고 한쪽 벽에 화덕자리가 있다. 또 원통형 그릇받침, 굽다리 접시, 세발토기 같은 토기류와 쇠로 만든 무기, 뼈로 만든 갑옷이 나왔다. 움집터를 보호하기 위해 만든 지붕은 원래 움집 모양을 본뜬 것이다.

움집터 남쪽으로는 출입문, 북쪽으로는 부뚜막과 아궁이를 설치했던 흔적을 볼 수 있다. 1미터가 넘는 저장구덩이를 만들어 놓았는데 음식 창고 역할을 한 것으로 짐작한다.

한성백제박물관

한성백제박물관은 풍납토성과 몽촌토성, 석촌동 고분군 등 한성 백제시대 유적, 유물을 보존하고 관리하기 위해 2012년 4월 30일에 문을 열었다.

전시실은 로비와 전시실 3개, 그리고 4D영상관으로 되어 있다.

1전시실에서는 백제가 한강 유역에 나라를 세우기 전에 있던 문화를 보여준다. 2전시실은 백제 건국 과정과 백제 사람들이 살았던 모습을 볼 수 있고, 3전시실에서는 한성백제시대가 끝난 뒤에 사람들

위치 서울특별시 송파구 위례성대로 71 올림픽공원 내

한성백제박물관

풍납토성 단층도

이 살았던 모습을 보여 주고 있다. 박물관 로비에는 풍납토성 성벽 단면을 그대로 옮겨서 전시하고 있다.

볼거리 풍납토성과 몽촌토성을 만든 판축기법과 발굴 과정을 알아보자.

풍납토성

위치 서울특별시 송파구 풍납동 바람드리 6길

풍납토성은 한성백제시대에 궁성으로 짐작하고 있다. 남북으로 길게 타원형을 이루고 있고, 규모는 남북으로 2킬로미터, 동서로 1킬로미터, 높이는 7~9미터, 그리고 성벽 두께는 43미터로 확인되었는데 지금은 일부만 복원되어 있다.

풍납토성

풍납토성은 평지성이라 기초 부분 밑바닥에 50센티미터 정도 두께로 뻘흙을 깔고 흙벽을 튼튼하게 하기 위해 흙층과 나뭇잎을 교대로 쌓았다(부엽공법). 이렇게 하면 마찰력에 의해 잘 미끄러지지 않을뿐더러 지진이 일어나도 성벽이 잘 무너지지 않는다.

1997년, 재개발을 위해 발굴을 하다가 수 많은 유물이 쏟아져 나왔다. 특히 경당지구에서는 말머리 뼈와 토기조각, 자기조각이 발견되어 임금이 하늘에 제사를 지내던 곳이라고 짐작한다.

생각거리 풍납토성 안에 있는 땅은 개인 것이다. 그런데 그 밑에는 많은 유물과 유적이 묻혀 있다. 그 유물과 유적은 누구 것일까요?

석촌동 고분 3호분

 서울 석촌동 고분군

위치 서울특별시 송파구 석촌동 가락로 7길 21

석촌동 고분군은 백제 초기에 만들어진 지배 계급 무덤이 모여 있는 곳이다. 1호, 2호 무덤은 오랜 세월 동안 사람들이 논밭으로 일구어 농사를 지었기 때문에 훼손되어서 내부구조와 유물은 정확히 알 수 없다. 그러나 원래 모습이 남아 있는 3호 무덤은 고구려 무덤 형식인 기단식 돌무지무덤이라는 것을 알 수 있다. 그 밖에도 백제 초기 무덤 특징을 알 수 있는 움무덤, 독무덤 등 여러 가지 무덤들이 발굴되었다.

생각거리 석촌동 고분 3호분 돌무지무덤은 고구려 태왕릉이나 장군총과 비슷한 점을 찾아볼 수 있다.

서울 방이동 고분군

위치 서울특별시 송파구 방이동 오금로 219

1971년에 잠실지구가 개발되면서 널리 알려지게 된 방이동고분군은 무덤 흔적 여덟 군데가 발견되는데 근처에 있는 몽촌토성과 풍납토성이 백제 유적이므로 이 무덤들도 백제 임금이나 지배계급 무덤일 것으로 짐작된다.

그 가운데 1호분은 굴식돌방무덤으로 공주 송산리에 있는 5호분과 거의 비슷하다. 6호분에서는 신라 후기 시대 것으로 짐작되는 굽다리 접시가 나와서 이 무덤을 신라시대 고분으로 보기도 한다.

방이동 고분군

하남시 이성산성

위치 경기도 하남시 춘궁동 산 36번지

하남시 이성산(209.8미터)에 있는 이성산성은 성벽 높이 4~5미터, 둘레 1,925미터로 작은 돌들을 잇대어 쌓았다.

풍납토성, 몽촌토성이 가까이 있고, 남한강과 북한강이 만나서 한강 본류를 이루는 바로 아래에 자리 잡고 있다. 우뚝 솟은 산 위에 자리 잡고 있어서 북쪽으로는 한강 둘레에 있는 여러 성들이 한눈에 들어와 한강을 살피거나 적을 막기에 좋았다.

병영이나 창고 등으로 쓰였을 것으로 짐작되는 직사각형 건물터와 사직단으로 짐작되는 8각, 하늘에 제사를 지내는 천단으로 짐작되는

이성산성 터

9각, 그리고 12각으로 된 건물터가 발견되었다. 그리고 삼국시대에 지은 다각형 건물터와 제사유적 4곳도 발견되었다.

그 밖에도 커다란 저수지와 목간(木簡), 쇠로 만든 말, 토기, 기와를 비롯해 모두 3천 점이 넘는 유물이 나왔다. 그 가운데 토기는 황룡사지와 안압지에서 출토된 토기들과 비슷한데 통일신라 때 사람들이 썼던 것으로 짐작한다. 그리고 목간에서 "戊辰年正月十二日 朋南漢城道使(무진년정월십이일 붕남한성도사)"라는 글이 써있는 것으로 보아 이 성을 쌓은 때가 603년이라는 것이 증명되었다. 백제 유물과 신라 유물이 같이 나오는 것으로 보아 성을 쌓은 다음에 200~300년 정도 쓴 것으로 짐작된다.

더 깊이 알기

1. 소서노와 온조와 비류가 졸본을 떠나 남쪽으로 내려온 까닭은 무엇인가요?

2. 온조가 처음 도읍을 정한 곳은 어디인가요?

3. 온조가 도읍을 정한 곳은 어떤 장점들이 있었나요?

4. 마한 땅에 있던 큰나라인 목지국을 무너뜨린 백제 왕은 누구인가요?

5. 한성백제시대 최고 전성기를 이끈 임금은 누구인가요?

6. 고구려 장수왕이 수도를 국내성에서 평양으로 옮기고 남쪽으로 영토를 확장하려 하자 백제와 신라는 어떻게 했나요?

7. 개로왕 때 위례성이 장수왕에게 함락된 까닭은 무엇인가요?

생각해보기

1. 고구려에서 같이 내려온 비류가 미추홀에서 나라를 일으키는 것에 실패한 까닭은 무엇일까요?

2. 백제 사람들이 초기에 고구려 무덤 양식을 그대로 이어받은 까닭은 무엇일까요?

3. 백제 역사가 아직도 정확하게 밝혀지지 않은 까닭은 무엇일까요?

4. 백제 역사 답사에서 가장 기억에 남는 것은 무엇인지 그린 다음, 그 까닭을 써 보세요.

가장 기억에 남는 것
그린 까닭

05 세 임금이 세운 신라

역사 이야기

진한 땅 사로국에 여섯 마을이 있었다. 촌장들이 모여 나라를 다스릴 왕을 내려 달라고 하늘에 제사를 올렸다. 그때 남산 기슭에 있는 나정이라는 우물가에서 백마가 날아가는 것을 보고 가 보니 큰 알에서 사내아이가 나왔다. 박처럼 생긴 알에서 나왔다고 해서 박(朴)이라는 성을 붙이고 '밝은 빛으로 세상을 다스린다'는 뜻으로 이름을 혁거세(赫居世)라고 불렀다.

혁거세가 태어나던 날 '알영'이라는 우물가에서 계룡이 오른쪽 옆구리 밑으로 여자아이를 낳았다. 입술이 닭 부리 같았으나 목욕을 시키자 입술이 빠지고 예쁜 여자아이가 되었다. 우물 이름을 따서 알영이라고 불렀다.

혁거세가 열세 살이 되었을 때 여섯 마을 촌장들이 나라 이름을 서라벌이라고 하고 혁거세를 왕위에 올렸다. 이때가 기원전 57년이었다. 왕위에 오른 지 5년이 지난 뒤 알영을 왕비로 맞이했다.

용성국 왕인 함달파는 왕비가 커다란 알을 낳자 버리라고 했다. 왕비는 알과 함께 일곱 가지 보물과 노예들을 커다란 궤에 넣은 다음, 배에 실어 보냈다. 배는 신라 동쪽 바닷가인 아진포에 닿았다.

이때 아진의선이 요란한 까치 소리를 듣고 배에 올라 궤를 열어보니 사내아이가 들어 있었다. 까치가 울어 까치 작(鵲)자에서 한쪽 변을 떼어 석(昔)으로 성을 삼고, 알에서 벗어났다 해서 탈해(脫解)라 이름을 지었다.

남해왕은 탈해가 훌륭한 사람이라는 소문을 듣고 사위로 삼은 뒤 나랏일을 맡겼다.

탈해왕 9년 3월 밤중에 시림이라는 숲에서 닭 우는 소리가 들렸다. 왕과 신하들이 가보니 금빛 궤짝이 나뭇가지에 걸려있고 흰 닭이 울고 있었다. 왕이 궤짝을 열어보니 사내아이가 들어 있었다.

왕은 하늘이 아들을 보낸 것이라 여겨 데려와서 길렀다. 이름을 알지라 하였고, 금빛 궤짝에서 나왔다하여 성을 김(金)씨라 불렀다. 또 발견된 장소인 시림을 계림이라 고쳐 부르고 나라 이름으로 삼았다. 김알지는 왕위에 오르지 않았으나 후손 가운데 미추부터 왕위에 올랐다.

신라 건국 시조는 박혁거세지만 박, 석, 김 3대 가문이 돌아가면서 왕이 되었으며 석탈해와 김알지도 각각 석씨와 김씨 시조가 되었다.

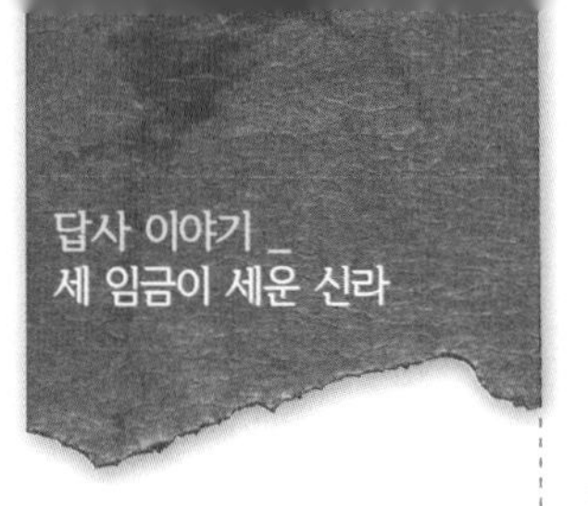

 경주 나정

위치 경상북도 경주시 탑동 700-1

나정은 신라 첫 번째 임금인 박혁거세가 태어난 곳이다. 신라 2대 임금인 남해왕 때 시조인 박혁거세를 위한 사당을 세웠고, 소지왕 때 박혁거세가 탄생한 나을(나정)에 '신궁'을 세우고 제사를 지냈다.

터만 남아 있는 나정에는 신궁터로 짐작되는 팔각건물지, 우물지, 담장지, 부속건물지, 배수로 같은 흔적들이 남아 있다.

그 가운데 팔각건물지는 한 변 길이가 8미터나 되고 네모난 담장을 두른 것으로 보아 신라 신궁터라고 짐작한다.

생각거리 여섯 마을 촌장들은 왜 왕을 내려달라고 했을까요?

나정

경주 알영정

위치 경상북도 경주시 탑동 67

알영정은 박혁거세 부인인 알영이 태어난 곳이다. 양산 마을에 있는 알영이라는 우물가에 닭처럼 생긴 용이 오른쪽 옆구리로 여자아이를 낳았는데 우물 이름을 따서 아이 이름을 알영이라고 했다. 이 아이가 나중에 박혁거세 왕비가 되었다.

알영정은 대나무 숲으로 둘러 쌓여있고 비각에는 '신라시조왕비탄강유지'라고 씌어 있는 비가 있다.

비각 뒤로는 박혁거세 왕비 알영부인이 태어났을 때 몸을 씻었다는 알영정 터가 있다.

닭처럼 생긴 용이란 무엇을 상징하는 것일까요?

경주 월성

위치 경상북도 경주시 인왕동 387-1

월성은 신라시대 왕성으로 짐작되는 곳으로 반월성 또는 신월성이라고도 부른다. 남쪽은 개천을 이용해 자연 해자를 삼아 동서로 길게 반달 모양으로 쌓아 올린 토성이다.

성벽 동서북쪽은 흙과 돌로 기초를 다진 다음, 점토를 쌓아 올렸고 남쪽은 개천으로 이어진 절벽을 그대로 이용했다.

신라가 점점 성장하면서 월성 밖으로도 궁성이 확대되었는데, 문

월성

무왕 때에는 안압지·임해전·첨성대까지 왕궁이 넓어졌다.

《삼국유사》를 보면 월성 터는 원래 재상인 호공이 살았는데, 기원전 19년인 박혁거세 39년에 석탈해가 살 집터를 찾기 위해 토함산에 올라 경주를 내려다보고는 월성을 집터로 정하고 꾀를 부려 원래 살고 있던 호공을 내쫓고 월성을 쌓았다고 한다. 이 공으로 석탈해는 남해왕 맏사위가 되었고, 나중에 신라 4대 임금이 되었다.

경주 계림

위치 경상북도 경주시 교동

경주김씨 시조인 김알지가 태어난 계림 숲은 물푸레나무·홰나무·휘추리나무·단풍나무 같은 고목이 울창하게 우거져 있다.

김알지 7대 후손이 처음 왕위에 올라 미추왕이 되었으며 17대 내물

왕부터 마지막 왕인 56대 경순왕까지 신라를 다스렸다. (53대 신덕, 54대 경명, 55대 경애왕은 박씨 임금)

계림

김알지가 태어나기 전까지는 시림이라고 불렸으나 김알지가 태어날 때 닭울음소리가 났다 해서 계림이라고 불렀다. 나중에는 신라를 다르게 부르는 이름이 되었다. 숲 안에는 조선 순조 3년(1803)에 김알지 탄생을 기록한 비가 세워졌다.

생각거리 시림이라 불리던 것을 왜 계림이라고 불렀고 나라 이름이 되었을까?

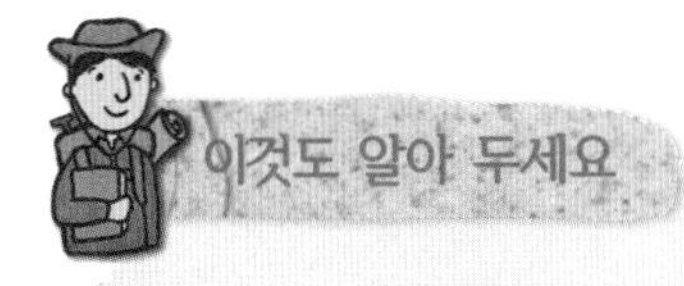

오릉에 전해오는 이야기

오릉에 전해져 내려오는 이야기는 두 가지가 있다고 한다.

삼국유사에 의하면 신라 시조 박혁거세 거서간이 죽어서 하늘로 올라갔는데, 7일 뒤에 시신이 다섯 개로 흩어져 땅에 떨어졌다. 그 시신을 한곳에 묻으려 하자 큰 뱀이 쫓아다니며 방해하는 바람에 결국 머리와 팔, 다리를 제각기 묻고 또 알영 왕비를 같이 묻었다.

그래서 무덤이 다섯 개가 되어 오릉이라고 한다. 또, 뱀이 내려와 방해했다 하여 사릉(蛇陵)이라고도 한다.

또 한 가지는 삼국사기에 오릉이 1대 박혁거세, 2대 남해왕, 3대 유리왕, 5대 파사왕과 알영왕비를 묻었다고 기록되어 있어서 오릉이라고도 한다.

더 깊이 알기

1. 진한 땅 사로국 촌장들이 하늘에 제사를 올린 까닭은 무엇인가요?

2. 여섯 마을 촌장들은 박처럼 생긴 알에서 나온 아이에게 '밝은 빛으로 세상을 다스린다'는 뜻으로 어떤 이름을 지어 주었나요?

3. 알영왕비는 어디에서 어떻게 태어났나요?

4. 용성국 왕인 함달파는 왕비가 낳은 알을 버리라고 했습니다. 왕비는 알을 어떻게 했나요?

5. 금빛 궤짝에서 나온 경주김씨 시조로 계림에서 발견된 사람은 누구인가요?

6. 김알지 후손은 신라가 멸망할 때까지 나라를 다스렸습니다. 처음으로 왕위에 오른 김알지 후손은 어떤 왕인가요?

7. 신라 건국은 누가 했으며 왕성에는 어떤 성씨들이 있었나요?

생각해보기

1. 박혁거세와 알영은 알에서 태어났으며 우물과 관련되어 있습니다. 우물이 상징하는 것은 무엇일까요?

2. 남해왕은 왜 석탈해가 지혜롭다고 생각했을까요?

3. 신라 왕성은 박 석 김씨가 있습니다. 왜 돌아가면서 나라를 다스렸을까요?

4. 신라 건국과 관련된 유적지 답사를 하고 가장 기억에 남는 것은 무엇인지 그린 다음, 그 까닭을 써 보세요.

가장 기억에 남는 것
그린 까닭

06 여섯 임금이 세운 가야

서기 42년, 김해에 있는 구지봉 위 하늘에서,

"여기 사람이 있느냐?"

라는 소리가 들렸다.

그 곳을 다스리던 아홉 우두머리인 아도간, 여도간, 피도간, 오도간, 유수간, 유천간, 신천간, 오천간, 신귀간과 백성들이 구지봉으로 모였다.

그러자 하늘에서,

"흙을 파면서 '거북아 거북아 머리를 내밀어라, 만약에 내밀지 않으면 구워 먹으리라.'라고 노래하고 춤추어라. 그러면 임금을 내려 주겠노라."

라고 했다. 그래서 아홉 우두머리와 사람들이 춤을 추며,

"거북아 거북아 머리를 내놓아라. 내놓지 않으면 구워 먹겠다."

이렇게 구지가(龜旨歌)를 부르자 하늘에서 붉은 보자기에 싼 상자가 줄에 매달려 내려 왔다. 상자에는 황금 알 여섯 개가 들어있었다.

알에서 사내아이들이 나오자 사람들이 임금으로 받들어 올렸다. 큰 아들인 수로는 대가락 임금이 되었고, 나머지 형제들도 각각 가야를 세웠다.

7년 뒤에, 수로왕이 인도 아유타국 공주인 허황옥을 왕후로 맞아들였다. 허왕후는 왕자 열 명을 낳았는데 아들 가운데 두 명은 어머니 성을 따르게 되어 김해허씨가 되었고, 아버지 성을 따른 아들들은 김해김씨가 되었다.

가야는 경상남도 해안과, 낙동강 둘레 지역에서 좋은 철로 만든 무기와 농기구를 바탕으로 강력한 국가로 발전했다. 또 낙동강과 바다를 따라 둘레 나라들과 무역을 해서 신라와도 맞설 만큼 발전된 나라가 되었다.

그러나 4세기 말, 고구려 광개토왕이 낙동강 하류로 진출하자 가야는 위기를 맞이했고, 532년에 금관가야가 신라에 항복한 것을 시작으로 562년에 대가야가 신라장군 이사부가 이끄는 군대에 항복하면서 연맹왕국 가야는 멸망하고 말았다.

그러나 가야 사람들과 문화는 신라를 발전시키는 밑바탕이 되었는데 가야 궁정 음악인 가야금은 신라 궁정 음악이 되었고, 김해 토기는 신라 토기가 되었다.

금관가야 왕족 후손들이 이끄는 군대는 좋은 무기를 갖춘 강력한 부대여서 금관가야 마지막 왕인 구형왕 아들인 김무력은 관산성 싸움에서 백제를 크게 쳐부수었고, 손자인 김유신이 이끄는 군대는 삼국을 통일하는 데 큰 힘이 되었다.

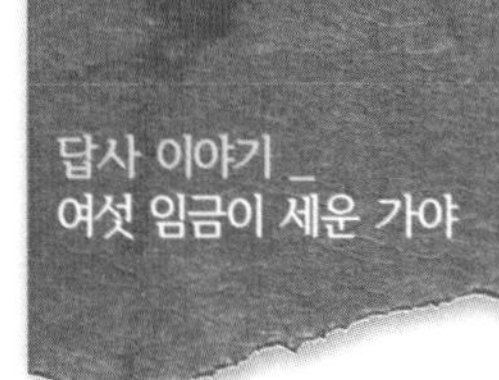

수로왕릉

위치 경상남도 김해시 가락로 93번길 26

수로왕릉은 가락국 시조인 수로왕을 모신 능이다. 수로왕은 서기 42년에 가락국을 세웠고, 158세인 199년에 세상을 떠났다고 《가락국기》에 기록되어 있다.

수로왕릉 정문에는 황비인 허황옥 고향인 인도 아유타국 용왕을 표시하는 물고기가 그려진 신어문양이 있다.

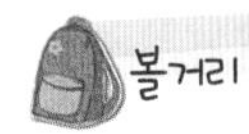

건물 문에 물고기 문양이 어떻게 새겨져 있는지 살펴보자.

● 수로왕릉전
●● 수로왕릉

수로왕비릉

위치 경상남도 김해시 가락로 190번길 1

수로왕비릉은 허황옥을 모신 무덤으로, 무덤 앞에는 허왕옥이 인도 아유타국에서 배를 타고 시집 올 때 바람과 풍랑을 가라앉혔다는

● 수로왕비릉
●● 파사석탑

석탑인 파사석탑이 있다.

허황옥은 인도에 있던 나라인 아유타국 공주인데 돌배를 타고 가야로 와서 김수로와 결혼했다. 왕자 9명을 낳았는데 그 가운데 일곱 명은 아버지 성을 따서 김해김씨가 되었고, 2명은 어머니 성을 따라 김해허씨가 되었다.

파사석탑에 돌이 우리나라 돌과 어떻게 다른지 살펴보자.

구지봉

위치 경상남도 김해시 구산동 산 81-2번지

구지봉은 신라 유리왕 19년인 서기 42년에 김수로왕을 비롯한 6가야 시조 임금들이 태어난 곳으로, 황금알 여섯 개가 담긴 황금상자

구지봉

가 하늘에서 내려왔다는 전설이 있는 작은 산봉우리다.

거북이 머리 모양을 닮았다고 구수봉이라고 불렀다. 수로왕비릉이 있는 곳이 거북이 몸체고 구지봉은 거북이 머리다.

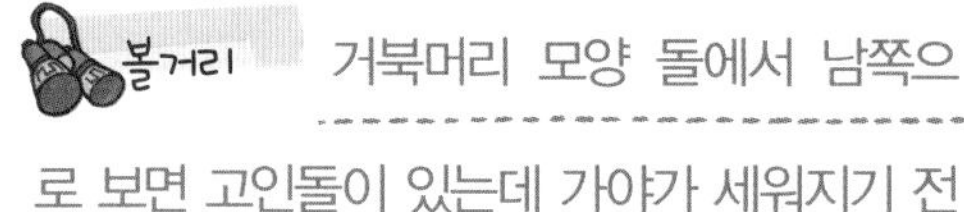

볼거리 거북머리 모양 돌에서 남쪽으로 보면 고인돌이 있는데 가야가 세워지기 전부터 사람이 살았다는 증거다.

회현리 조개무지와 봉황동 유적

위치 경상남도 김해시 김해대로 273번길

철기시대 초기에 사람이 살았던 유적으로 조개껍데기를 한 곳에 모아둔 쓰레기장인 조개무지는 작은 언덕처럼 보인다. 높이가 약 7미터, 동서 길이가 약 130미터, 남북 너비가 약 30미터 정도나 된다. 잔디로 덮여 있지만, 언덕 전체에 조개껍데기가 널려 있는 것을 볼 수 있다.

이 조개무지에서 가야시대 토기인 김해토기 조각들과 도끼나 손칼 같은 철기가 발견되었다. 가야 사람들이 철기를 생활도구로 쓰고 있었다는 것을 알 수 있게 해주는 유적이다.

또 중국에서 전한이 망하고 후한이 건국되는 사이에 있었던 신나라

● 김해 조개무지 전시관
●● 봉황동 유적

(新,서기 9년~24년)때 돈인 화천(貨泉)이 1개 나왔는데 이것으로 보아 이 조개무지가 신나라가 있던 무렵에 만들어졌다는 것을 알 수 있다.

그리고 조개무지 옆 언덕 둘레에서 불탄 쌀과 돌널무덤, 독무덤(옹관묘)이 발견되었고, 독무덤에서 청동기와 초기 철기시대 사람들이 썼던 가는 구리칼(세형동검)을 비롯한 여러 가지 청동물건도 나왔다. 남방식 고인돌에 뚜껑돌로 보이는 큰 돌 1개도 남아 있다.

생각거리 왜 가야 사람들은 조개껍데기를 한 곳에 모았을까?

대성동 고분박물관

대성동 고분박물관에는 가야시대 고분박물관으로 예안리 고분군에서 나온 사람 뼈를 토대로 하여 1대 1로 복원한 기마무사상과 장례

위치 경상남도 김해시 가야의 길 126

대성동 고분박물관

를 치르는 모습을 그대로 재현했다. 1대 1크기로 복원한 무덤 모형과 유물 모형도 전시되어 있다.

전시관 앞에 있는 언덕은 고분들이 발견된 곳으로 이전에 만들었던 무덤을 부수면서 여러 무덤들이 만들어져 있는 흔적을 볼 수 있다.

 고분박물관 노출전시관

위치 경상남도 김해시 가야의 길 126

대성동고분군에서 첫 왕 무덤이라고 할 수 있는 29호 목곽묘와 그 묘를 부수면서 만든 39호분을 발굴했을 때 모습을 그대로 복원해 지붕을 씌워놓았다. 무덤에 빽빽하게 세워서 같이 묻었던 많은 토기들

고분박물관 노출전시관

을 볼 수 있다.

생각거리 왜 가야 사람들은 많은 토기를 무덤에 같이 묻었을까?

국립김해박물관

위치 경상남도 김해시 가야의 길 190

1998년에 세워진 국립김해박물관은 가야문화권에 있던 곳에서 나온 유물들을 모아 시대 흐름에 따라 1300여 점이나 전시하고 있는 고고학 전문 박물관이다.

건물 바깥벽은 철광석과 숯을 상징하는 검은 벽돌로 표현했는데 철

국립김해박물관

강 왕국인 가야를 상징하는 것이다.

1전시실에는 울산 검단리 마을 유적과 창원 다호리에서 발굴된 1호 무덤 모형이 있고, 선사시대와 변한, 그리고 금관가야 유물이 모두 모여 있다.

2전시실에는 여러 곳에 세워졌던 가야들 특징과 발전 과정을 알 수 있도록 전시하고 있다.

박물관 뜰에는 실제 고인돌과 돌널무덤들을 그대로 옮겨와 전시하고 있다.

 고령 주산성지

위치 경상북도 고령군 고령읍 주산능선 일대

고령은 대가야를 세운 이진아시왕으로부터 16대 도설지왕에 이르기까지 520년 동안 내려온 대가야 도읍이었다.

주산성지

주산성은 고령을 북쪽에서 감싸고 있는 높이 311미터인 주산에 있던 성이다. 지금은 허물어져서 겨우 흔적만 남아 있지만 진흥왕 23년인 562년, 이사부와 사다함에게 항복할 때까지 대가야 도읍인 고령을 지키던 산성이었다.

고령 향교

 고령 향교

조선시대인 1702년에 고령 향교를 세울 때 땅에서 옥기와, 연와, 주춧돌 등이 나와서 대가야 왕성터라고 짐작하는 곳이 되었다. 이 왕성터를 '고대(高臺)' 또는 '대거대'라고 부른다.

위치 경상북도 고령군 고령읍 향교길 29-18

 대가야 박물관

지산동 고분군에서 출토된 대가야시대 토기와 석기를 만드는 과정과 무덤 속에서 나온 그릇받침, 금귀걸이, 금동관, 갑옷, 투구 등 유

위치 경상북도 고령군 고령읍 대가야로 1203

대가야 박물관

물 3백여 점을 전시한 대가야 박물관은 대가야 역사와 순장풍습 등을 살펴볼 수 있다. 뜰에는 석불과 석탑 같은 불교 유물도 전시되어 있다. 박물관 뒷산 능선으로 지산동고분군 무덤들이 보인다.

 대가야 왕릉전시관

위치 경상북도 고령군 고령읍 대가야로 1203

대가야 왕릉전시관은 우리나라에서 처음으로 발견된 대규모 순장 무덤인 지산동고분군에 있는 제 44호분 봉분을 그대로 본떠서 돔처럼 만든 전시관이다.

전시관 안으로 사람이 직접 들어가서 무덤 구조와 사람이 매장된 모습, 껴묻거리 등을 볼 수 있도록 만들었다.

주인공이 묻힌 으뜸돌방과 으뜸돌방에 창고처럼 딸린 껴묻거리 방

● 대가야 왕릉전시관
●● 대가야 왕릉전시관 내부

을 중심으로 해서 돌덧널 32기가 펼쳐져 있다. 원래 크기 그대로 복원해 놓은 것이라 대가야 무덤을 생생하게 살펴볼 수 있다.

생각거리 왜 가야 사람들은 순장을 하였을까?

대가야 지산동고분군

위치 경상북도 고령군 고령읍 고분산

고령 뒷산인 고분산 능선을 따라 작은 무덤 수십 기가 자리 잡고 있다. 이 무덤들은 왕 무덤으로 보이는 거대한 크기부터 귀족이나 왕족 무덤으로 보이는 작은 무덤까지 줄줄이 이어져 있다.

대가야 지산동고분군

대가야고분군은 5세기에서 6세기에 걸쳐서 만들어진 것으로 짐작되는데 지름이 25미터 정도인 44호분은 무덤 가운데 중앙돌방이 있고, 그 옆에 딸린돌방 2개가 자리 잡고 있다. 이 방들을 중심으로 32개나 되는 덧널

돌방이 빙 둘러 있다. 딸린돌방과 덧널돌방들에는 순장된 사람들과 장신구, 무기, 투구, 말장신구, 토기 같은 것들이 묻혀 있다. 대가야고분군 가운데 가장 큰 무덤은 47호분으로 지름이 49미터나 되며, 대가야 15대 임금인 이뇌왕 무덤으로 짐작한다.

어정

위치 경상북도 고령군 고령읍 왕정길 10 고령초등학교 운동장

어정은 《신증동국여지승람(新增東國輿地勝覽)》에 나오는 대가야 어정으로 짐작하는 곳이다.

어정

경북 고령군 고령읍 연조리 고령초등학교 운동장에 있다. 대가야시대에 임금들이 마셨다고 해서 어정 또는 왕정이라고 부른다. 뚜껑돌을 덮고 앞을 터놓았다. 별로 깊지 않은 우물인데도 늘 일정하게 물이 솟는다.

고아동 벽화고분

위치 경상북도 고령군 고령읍 고아리 산 13-1번지

고아동 벽화고분은 가야 땅에 만들어진 무덤 가운데 벽화가 그려져 있는 유일한 무덤이다. 굴식돌방무덤(횡혈식석실분)으로 백제땅인

공주와 부여에서 유행하던 무덤을 본떠서 만들었다.

무덤을 크고 세련되게 만든 것, 그리고 벽화가 그려져 있는 것으로 보아 대가야 말기에 왕과 왕비가 묻혔던 것으로 짐작된다.

고아동 벽화고분

이곳도 보고 오세요

우륵박물관

위치 경상북도 고령군 고령읍 가야금길 98

가야금을 만든 우륵을 기리는 기념관으로 고령에 있다. 우륵은 박연, 왕산악과 더불어 우리나라 3대 악성이라고 부른다. 가야말기 가실왕으로부터 명을 받아 고령읍 쾌빈리 정정골에서 1년 열두 달을 본떠 12현금으로 된 가야금을 만들었다. 지금은 남아 있지 않지만 우륵은 음악도 185곡을 만들었다고 한다.

● 우륵박물관 ●● 우륵의 집

우륵기념탑과 우륵영정각

위치 경북 고령군 고령읍 주산순환길 209-18

우륵이 가야금을 탔다는 정정골이 내려다보이는 언덕에 기념탑과 영정각을 세웠다.

기념탑에서 북쪽 들판 건너에 우륵박물관이 보이고 그 왼쪽으로 가얏고 마을과 우륵이 살던 집이 보인다.

● 우륵기념탑 ●● 우륵영정각

더 깊이 알기

1. 김해 사람들이 가야 임금들을 맞이한 곳은 어디인가요?

2. 가야 임금들은 어디서 나왔나요?

3. 가야 사람들이 만든 철기는 어떤 것들이 있나요?

4. 여섯 가야는 어떤 나라들인가요?

5. 김수로 왕 부인인 허황옥이 인도에서 왔다는 증거는 무엇인가요?

6. 김수로 왕 부인인 허황옥이 인도에서 가야로 올 때 무엇을 타고 왔나요?

7. 대가야 임금들 무덤에 사람들을 같이 묻은 것을 무엇이라고 하나요?

생각해보기

1. 가야는 고구려, 백제, 신라처럼 한 나라가 되지 않고 여섯 나라로 나뉘어 있었는데도 500여 년이나 멸망하지 않은 까닭은 무엇일까요?

2. 김해에 자리 잡고 있던 금관가야 사람들이 조개껍데기를 한 곳에 모아둔 까닭은 무엇일까요?

3. 대가야 사람들이 순장을 한 까닭은 무엇일까요?

4. 가야 답사에서 가장 기억에 남는 것은 무엇인지 그린 다음, 그 까닭을 써 보세요.

가장 기억에 남는 것
그린 까닭

07 남쪽으로 진출한 고구려

만주에 있는 졸본 땅에서 주몽이 세운 고구려는 2대왕인 유리왕 때 국내성으로 도읍을 옮겼다.

태조왕 때 계루부 출신인 고씨가 왕위를 독차지하면서 왕권이 강화되었고 동해안으로 진출해 옥저와 동예를 정복했다. 현도군과 요동군을 공격해 요동으로 진출하는 발판을 마련했다.

고국천왕 때는 부족중심이었던 5부를 동·서·남·북·중으로 나누어서 행정중심으로 바꾸고 형제상속에서 부자상속으로 왕위가 이어지면서 왕권이 더욱 강화되었다. 그리고 빈민구휼제도인 진대법을 실시했다.

미천왕 때는 대동강과 요동지역으로 세력을 넓히고 낙랑군과 대방군을 몰아냈다.

고국원왕 때는 선비족이 세운 나라인 전연과 치열한 공방전을 벌이다가 수도가 함락되고 미천왕 무덤도 파헤쳐졌다. 고국원왕도 근초고왕이 이끌고 온 백제군과 싸우다 평양성에서 전사했다.

소수림왕은 안팎에서 쳐들어오는 적을 막고 왕권을 더욱 강화하기 위해 불교를 받아들였다. 또 태학(太學)을 설립하여 인재를 양성했다. 율령(律令)을 반포하여 국가체제를 정비하고 정치를 안정시켰다.

광개토대왕은 동으로는 동부여, 서로는 요동지방, 남으로는 한강이북, 북으로는 만주까지 영토를 넓혀 고구려 전성시대를 열었다. 그리고 신라에 왜구가 쳐들어 왔을 때 내물왕이 구원을 요청하자 군대를 보내 왜구를 물리치기도 했다. 우리 역사상 처음으로 '영락'이라는 독자 연호를 사용해 고구려가 천하에서 중심 국가라는 자주성을 드높였다.

광개토대왕 아들인 장수왕은 왕권을 강화하고 남진정책을 잘 추진하기 위해 도읍을 평양으로 옮겼다. 475년에 백제로 쳐들어가 하남 위례성을 함락하고 개로왕을 죽였다. 한강 유역을 차지한 고구려는 남쪽으로 아산만과 충주, 영일만까지 영토를 넓혔다. 그리고 분열되어 있는 중국 여러 나라들과 외교를 맺어 평화를 유지했다.

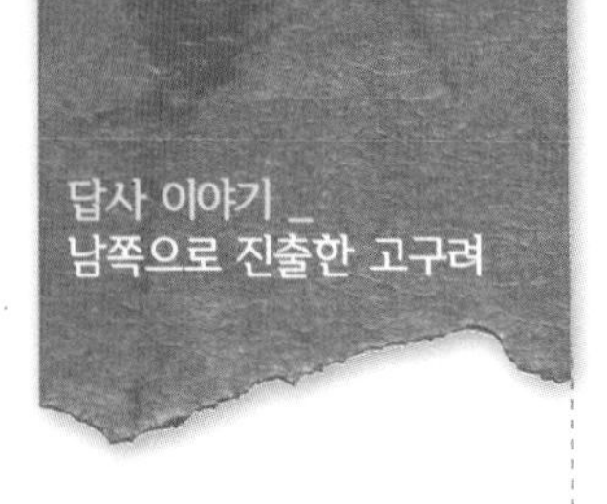

강화도 전등사

위치 인천광역시 강화군 길상면 전등사로 37-41

전등사가 창건된 것은 고구려 소수림왕 11년인 서기 381년이다. 신라로 불교를 전파하러 가던 아도 화상이 이곳에 머무르며 지은 절로 옛날에는 진종사라고 불렀다.

전등사는 고려 말 충렬왕비인 정하궁주가 옥등잔을 시주한 것을 기념해서 붙여진 이름이다. 고려 말 몽골이 고려를 침략하자 강화도로 수도를 옮겼을 때 풍수지리설에 따라 임금을 지켜주는 땅인 이곳에 임시 궁궐을 지었다고 한다. 또 팔만대장경을 만들 때 중요한 역할을 했던 절이기도 하다. 광해군 때 일어난 불로 건물 대부분이 타

강화도 전등사

서 새로 지었다.

우리나라에 불교가 처음 들어온 것이 서기 372년이므로 전등사는 지금은 어디인지 알 수 없는 성문사, 이불란사(375년 창건)에 이어서 우리나라에 불교가 들어온 초기에 세워진 가장 오래된 절이다. 조선 고종 3년에 일어난 병인양요 때는 프랑스군에 맞서 싸우던 군사들이 부처님께 승리를 빌며 대웅보전 기둥과 벽면에 자신들 이름을 써놓았는데 지금도 그 흔적이 남아 있다.

 아차산 보루와 역사문화관

남쪽으로 진출한 고구려는 백제 수도인 한성을 함락시키고 한동안 한성에 군대를 주둔시켰다. 고구려군 사령부는 몽촌토성에 두었는데 방어에 유리한 곳이기 때문이었다. 그리고 6세기 초 무렵, 진지를 한

위치 서울특별시 광진구 광장로 1 다길 60

● 아차산 보루
●● 아차산 고구려 역사문화 홍보관

강 이북으로 후퇴시킨 뒤 한강 건너편에 있는 아차산(해발 287미터)에 크고 작은 보루들을 세웠다. 높은 곳에서 한강과 중랑·왕숙천 일대를 살피기 좋은 자리였기 때문이었다.

그 가운데 제4보루는 아차산에 있던 보루들을 총지휘하던 보루로 새로 차지한 땅을 잘 다스리기 위한 것이었다.

아차산 보루는 1994~95년 실시된 발굴조사로 확인되고, 2004년에 국가지정문화재로 지정되었다.

중원 고구려비

위치 충청북도 충주시 가금면 용전리 입석부락 280-11번지

중원고구려비는 장수왕이 한강 이남지역을 차지했던 것을 증명하는 증거가 되는 비석이다. 이 비석에는 고구려 관직 이름과 지명 등이 새겨져 있을 뿐만 아니라 고구려 군대가 신라 영토 안에 주둔한 사실이 나온다. 또 고구려가 신라를 조공국으로 여기면서 '동이'라고

이것도 알아 두세요

중원고구려비 → '충주 고구려비' 개명

'중원고구려비'가 '충주 고구려비'로 이름이 바뀌었다.

문화재청은 "일제강점기와 근·현대를 거치며 문화재 이름에 대한 통일된 기준이 없어 국민들이 혼란스러워 했다"며 이번에 누구나 쉽게 알 수 있도록 문화재 이름을 바꾸었다고 밝혔다.

중원 고구려비

부르고 의복을 내려주었다는 내용도 기록되어 있다. 그러므로 이 비석은 고구려가 남한강 상류인 충주 일대까지 영토를 확장해서 다스리고 있었음을 보여주는 귀중한 자료이다.

단양 온달산성

위치 충청북도 단양군 영춘면 강변로 209-4

온달산성은 석회암과 사암으로 쌓은 석축산성이다.

성벽 기단부는 땅에 묻힌 바위를 그대로 이용해 기초로 삼고 있

온달산성

으나 일부 구간에는 땅속 바위를 더 튼튼하게 받치기 위해 계단 모양으로 기단을 쌓은 곳도 있다. 이런 방식은 고구려 산성에서 많이 볼 수 있는 성 쌓기여서 이 성이 고구려 온달이 쌓은 것으로 짐작하는 근거가 된다.

성문은 남문·동문·북문으로 3개가 있는데 누각이나 아치형 성문, 그리고 지붕 시설은 없고, 통로만 남아 있다. 성 안에 우물도 있었으나 지금은 메워지고 없다.

드라마나 영화 촬영장으로 널리 쓰이는 중원문화단지와 온달동굴 관람로를 따라 들어가면 온달산성으로 올라가는 길이 있다. 올라가는 길에 땅을 살펴보면 하얗게 부스러지는 석회질 흙을 쉽게 볼 수 있다. 온달산성 아래가 바로 온달동굴이다.

구리시 고구려 대장간 마을

위치 경기도 구리시 우미내길 41번지 고구려 대장간 마을

고구려 대장간 마을은 아차산 남쪽 기슭에 자리 잡고 있으며 아차산 고구려 유적 전시관과 야외 전시물로 구성되어 있다. 유적 전시관은 아차산 보루에서 출토된 토기류, 철기류와 자료 등 고구려 유물 352점을 전시하고 있다.

야외 전시물은 고구려 벽화에 있는 집 구조를 바탕으로 상상해서 되살려 놓은 것으로 고구려 일반 가옥인 담덕채, 고구려 기와집, 물레방아를 동력으로 이용하는 대장간, 지붕에 도기로 쪼갠 나무인 너와를 얹은 건물 등이 있다. 건물에는 섬세하고 아름다운 창살무늬로 만든 창문과 문이 있고, 부엌, 온돌 시설 등이 갖추어져 있다. 이를

고구려 대장간 마을

통하여 고구려 사람들이 살았던 모습을 살펴볼 수 있다.

이밖에 줄넘기, 널뛰기, 새총 쏘기, 투호 던지기 같은 놀이체험과 와당 만들기, 한지 공예, 짚 공예, 솟대·바람개비 만들기 같은 체험도 직접 해 볼 수 있다.

고구려 대장간 마을은 연중무휴로 운영되고 입장은 1시간 전까지 가능하다. 미리 예약을 하면 문화관광해설사 서비스도 받을 수 있다.

국립중앙박물관 고구려실

위치 서울특별시 용산구 서빙고로 137

국립 중앙 박물관내 상설전시관 1층에 있는 고구려실에는 비록 규모는 적으나 고구려 문화를 잘 이해할 수 있는 유물들이 전시되어 있다.

● 철제 신발
●● 호우명 그릇

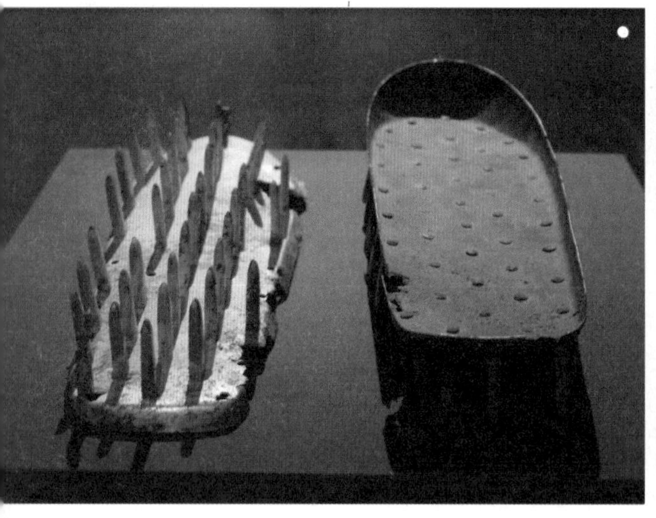

고구려 황실과 태양을 상징하는 세발 까마귀인 '삼족오'는 '맞새김 무늬꾸미개'에 모양이 새겨져 있다. 고분벽화로는 강서대묘에 그려진 사신도 그림을 볼 수 있는데 이것으로 고구려 사람들 종교와 생활상을 알 수 있다. 그리고 용맹한 고구려인을 상징하는 개마무사가 신었던 못신과 당시 신라와 고구려 사이를 알 수 있는 호우명 그릇 등이 전시되어 있다.

더 깊이 알기

1. 고구려 2대왕인 유리왕 때 도읍지를 옮기게 되는데 이때 옮긴 고구려 두 번째 도읍지는 어디인가요?

2. 고구려는 계루부 출신인 고씨가 왕위를 독점하면서 왕권이 강화되기 시작했는데 이때 옥저와 동예를 정복해서 왕권을 강화시킨 왕은 누구인가요?

3. 고국천왕 때 만든 제도로 빈민을 도와주기 위해 만든 제도는 무엇인가요?

4. 한사군이었던 낙랑군와 대방군을 몰아내고 대동강과 요동지역으로 세력을 넓혔던 왕은 누구인가요?

5. 왕권을 더욱 강화시키기 위해 불교를 받아들인 왕은 누구인가요?

6. 고구려 시대에 만들어진 학교로, 인재를 양성하기 위한 기관이며 오늘날 대학과 같은 역할을 했던 교육기관 이름은 무엇인가요?

7. 5세기에 왜구가 신라로 쳐들어와 내물왕이 구원요청을 하자 군대를 보내 왜구를 물리쳤던 고구려 왕은 누구인가요?

8. 남진정책을 추진하기 위해 고구려는 장수왕 때 도읍지를 또 한 번 옮기게 됩니다. 지금 북한 수도인 고구려 마지막 도읍지는 어디인가요?

9. 우리 역사상 처음으로 사용된 연호로 고구려 천하관을 엿볼 수 있습니다. 그 연호는 무엇인가요?

생각해보기

1. 고구려 고국천왕 때는 빈민구휼제도인 진대법이 실시되기도 했습니다. 그렇다면 삼국시대 다른 나라에서는 이와 비슷한 제도로 어떤 것들이 있었을까요?

2. 고구려시대에는 처음으로 독자적인 연호를 사용했습니다. 독자적인 연호를 사용했다는 것은 어떤 의미를 가지고 있는 것일까요?

3. 불교를 받아들이는 것이 어떻게 왕권을 강화시키는 데 이용될 수 있었을까요?

4. 남쪽으로 진출한 고구려 유적지 답사를 하고 가장 기억에 남는 것은 무엇인지 그린 다음, 그 까닭을 써 보세요.

가장 기억에 남는 것
그린 까닭

08 백제를 다시 일으킨 무령왕과 성왕

역사 이야기

475년, 장수왕이 이끄는 고구려 군에게 공격을 받아 하남 위례성이 포위되었다. 신라에 구원을 청하러 간 문주왕자가 신라군을 이끌고 돌아왔으나 이미 하남 위례성은 함락되고 개로왕이 전사한 뒤였다. 이로써 백제는 500여 년 동안이나 다스리던 한강 유역을 잃고 말았다.

개로왕을 이은 문주왕은 도읍을 금강남쪽에 있는 웅진(공주)으로 옮겼으나 왕권은 약해지고 국력도 쇠퇴했다.

동성왕은 고구려에 맞서기 위해 신라와 혼인동맹을 맺고 국력회복에 힘썼다.

뒤를 이어서 왕위에 오른 무령왕(재위 501~523)은 백제가 다시 일어날 기반을 마련했다. 특수행정구역인 22담로를 설치하고 왕족을 파견하여 지방에 대한 통치를 강화했다. 또 중국 남조에 있는 양나라와 국교를 맺고, 문화를 교류했다. 흉년으로 굶주린 백성들에게 곡식을 나누어 주고 농민들이 편안하게 농사를 짓도록 하여 민생안정에도 힘썼다.

안정을 되찾은 백제는 국방을 강화해 가야로 진출했고, 고구려를 공격했다. 512년에는 쳐들어온 고구려 군대를 크게 물리치면서 자신감도 되찾았다. 또 무령왕은 양나라로부터 '영동대장군백제사마왕'이라는 작호를 받음으로써 다른 나라에게도 인정을 받는 왕이 되었다.

538년에 성왕은 사비(부여)로 도읍을 옮기고 나라 이름도 '남부여'로 고쳤다. 중앙에 실무관청 22개를 두었고, 수도에는 5부, 지방에는 5방을 두어 귀족 세력을 누르고 왕권을 더욱 강화했다. 그리고 양나라로부터 활발하게 문물을 받아들였다.

왜국과도 활발하게 교류하여 노리사치계로 하여금 불교를 전하게 했으며 새로운 문화와 많은 기술자들도 보내주었다.

안정된 국력을 바탕으로 신라 진흥왕과 나제 동맹을 맺은 성왕은 신라군과 힘을 합쳐 고구려를 공격했다. 장수왕에게 빼앗겼던 한강유역도 되찾았다. 그러나 고구려와 밀약을 맺은 진흥왕에게 공격을 받아 한강 유역을 신라에게 빼앗겨 버렸다.

이에 격분한 성왕은 이듬해 신라를 공격했으나 관산성(충북 옥천) 싸움에서 전사하고 말았다.

공주 공산성

위치 충청남도 공주시 산성동 금성동 옥룡동

백제 때 처음 만들어져 웅진성으로 불렸다가 고려시대부터 공산성으로 불렸다. 문주왕 원년인 475년에 한성 위례성에서 이곳으로 천도했다. 성왕16년인 538년에 부여로 옮길 때까지 64년간 도읍지인 웅진을 지키기 위해 만들어진 산성이다.

북으로는 금강이 흐르는 해발 1100미터인 산에 자리 잡았으며 능선을 따라 성벽을 쌓았다.

원래는 토성이었으나 조선 선조와 인조 때 석성으로 고쳐 쌓았고, 성벽 길이는 2,660미터, 높이는 약 2.5미터이다.

공산성은 낮은 산 같아 보이지만 깎아지른 것 같은 경사가 많아서 성벽을 따라 오르고 내리기를 되풀이한다.

성 안에는 금서루, 진남루, 공북루, 쌍수정, 명국삼장비, 쌍수산성

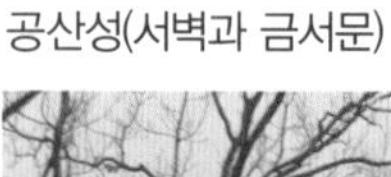

공산성(서벽과 금서문)

사적비, 영은사, 연지 및 만하루, 임류각, 광복루같은 유적들이 많이 남아 있다.

성벽을 따라 천천히 걸어도 두 시간 정도면 공산성을 한 바퀴 돌 수 있다. 북벽은 금강이 내려다보이므로 경치가 아주 좋다.

● 쌍수정
●● 공산성 임유각

조선시대에 인조는 '이괄의 난'을 피해 이곳으로 피신했는데, 커다란 나무아래에서 난이 진압되기를 기다렸다. 난이 진압되었다는 소식을 듣고 인조는 기뻐서 서 있던 나무 두 그루에게 정삼품 벼슬을 내렸다. 속리산에 있는 소나무에게 정이품 벼슬을 내린 세조에 이어 인조도 나무에게 벼슬을 내린 왕이다. 그 뒤 나무가 늙어 없어진 자리에 영조 10년 이곳 관찰사였던 이수항이 정자를 짓고 '삼가정'이라 했는데 그곳이 바로 쌍수정이다.

쌍수정사적비는 인조가 이괄의 난을 피해 공산성에 머물렀던 일을 기록한 비석으로 숙종 34년인 1708년에 세웠다. 인조가 난을 피하게 된 사실, 공산성에 머물렀던 6일 동안 행적과 공산성 모습 같은 것 들이 적혀 있다.

북쪽으로 금강을 바라보고 가다보면 급경사진 곳 아래에 연지(연못)와 만하루가 있고 그 왼쪽에 조선 세조때 세운 영은사가 있다.

조선 영조 때 건립된 만하루와 함께 있는 연지는 1982년부터 2년 동안 공주대학교에서 발굴해서 흔적을 찾아냈는데 백제시대부

공산성 만하루와 연지

터 조선시대까지 이용된 연못으로 짐작하고 있다.

만하루를 지나가면 나룻배를 타고 들어갈 수 있었던 북문인 공북루가 나온다. 마지막으로 가장 경사진 곳을 오르면 처음 출발했던 금서문에 도착하게 된다.

공산성과 임금들 이야기

- 고려 현종은 1010년에 거란이 2차 침입을 해 와서 수도인 개경(개성)이 함락되자 전라도 나주로 피난을 가다가 1011년 1월 7일에 공주에 머물렀다.
  그 해 개경으로 돌아가면서 2월 4일부터 6일 동안 공주에서 또 다시 머물게 되었다. 당시 공주 절도사(도지사)인 김은부 딸 3명은 현종이 공주에 머물 때 가까이 지낸 인연으로 현종 왕비가 되었다.

- 조선 16대 왕인 인조는 광해군을 몰아내고 왕이 되었다. 그런데 1624년 2월에 이괄이 난을 일으키자 공주로 피난해 6일 동안 공산성에 머물렀다.

  정설은 아니지만, 공주지역에는 우리나라 전통 떡인 인절미에 대한 이야기가 전해 내려온다. "초라한 민간인 복장으로 몽진(피난)하던 인조는 유구를 거쳐 우성 땅에 도착하여 노씨 성을 가진 어느 부자 집에 묵게 되었다. 융숭한 대접을 받은 인조는 어떤 떡을 가져온 신하에게 '이 떡 이름이 무엇인가'라고 물었다. 하지만 신하는 '자세히 모르겠다'고 대답했다.

  왕은 '떡을 진상한 백성이 누구냐' 묻자 '이름은 모르고, 성이 임가라는 것만 안다'고 했다. 그러자 임금이 '이 떡을 임절미(絕味-빼어난 맛)라고 부르자'고 했다. 세월이 흐르면서 '인절미'가 되었다."

공주 송산리 고분군

위치 충청남도 공주시 금성동 산 5-1

송산리 고분군은 공주시 금성동에 있는 웅진 백제시대 왕과 왕족들 무덤이 모여 있는 곳이다. 문주왕, 삼근왕, 동성왕, 무령왕, 성왕까지 64년 동안 도읍지로 삼았던 곳인 웅진(공주) 송산(宋山) 남쪽 경사면에 자리 잡고 있다.

원래 무덤은 17기가 있었지만, 무령왕릉을 비롯하여 1호부터 6호분까지 7기만 복원되어 있다.

1~6호분은 일제강점기에 조사되었고 무령왕릉은 1971년 5·6호분을 보수공사하면서 발견했다. 6호분과 무령왕릉(7호분)은 벽돌무덤으로, 중국 남쪽에 있던 나라들에서 영향을 받은 것이며, 벽화는 고구려 벽화에서 영향을 받은 것으로 보인다. 특히 무령왕릉은 많은 유물이 나왔기 때문에 이를 토대로 확실한 연대를 알 수 있어서 백제 역사를 살펴보는 좋은 자료가 되고 있다.

● 송산리 고분벽화
●● 송산리 고분군

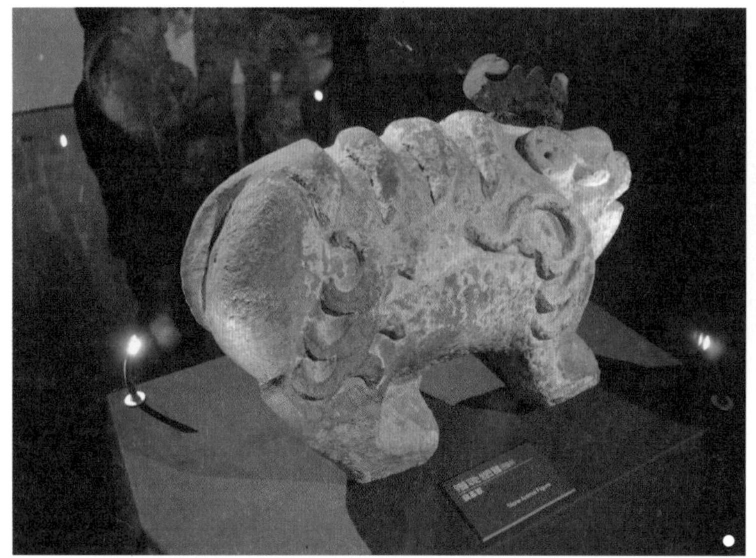

● 무령왕릉 진묘수
●● 무령왕릉 모형관

무령왕릉은 왕과 왕비를 합장한 능으로 아치형 지붕으로 되어 있다. 벽과 지붕 모두 벽돌로 쌓아 만들었는데 높이가 3미터 가까이 된다. 6호분 벽돌에는 오수전 무늬가 있고, 무령왕릉 무덤에 쓰인 벽돌에는 크고 작은 연꽃무늬가 새겨져 있다.

 국립공주박물관

위치 충청남도 공주시 관광단지길 34

국립공주박물관은 2004년 5월에 새로 지어서 문을 열었다.

1층에 있는 무령왕릉실은 1971년에 발견된 무령왕릉에서 나온 유물 108종 4,600여점을 전시하고 있다. 대표 유물로는 왕과 왕비지석(誌石) 2매, 오수전 한 꾸러미 왕과 왕비 목관, 무덤을 지키는 동물이라는 진묘수, 목관 판재들 밑에서 나온 왕과 왕비가 사용했던 장신

● 공주박물관
●● 공주 박물관 야외

구와 같은 유물들이 있다.

2층에 있는 충청남도 고대문화실은 공주 송산리 고분군과 공산성에서 나온 유물을 전시하고 있는데 웅진 백제시기 왕실과 귀족 문화를 알 수 있도록 해 놓았다.

또 야외 정원에서는 공주시 반죽동에서 나와 보물로 지정된 돌그릇(확–돌을 깎아서 물을 담아 쓰도록 만든 큰 그릇) 2개를 비롯해, 공주와 홍성 등에서 나온 석조여래입상과 석탑 등을 전시해 놓았다.

더 깊이 알기

1. 백제가 도읍인 하남 위례성을 고구려에 빼앗기게 된 까닭은 무엇인가요?

2. 중국 남조에 있는 양나라로부터 '영동대장군 백제사마왕'이라는 작호를 받은 왕은 누구인가요?

3. 무령왕이 특수행정구역인 22담로를 설치하고 왕족을 파견해 지방에 대한 통치를 강화한 목적은 무엇인가요?

4. 성왕은 도읍을 웅진(공주)에서 사비(부여)로 옮겼습니다. 이때 나라 이름도 바꾸었는데 새로 바꾼 나라 이름은 무엇인가요?

5. 성왕이 신라 진흥왕과 함께 고구려에 빼앗겼던 한강 유역을 되찾기 위해 맺은 동맹은 무엇인가요?

생각해보기

1. 무덤을 보고 다른 나라와 교류가 있었는지 어떻게 알 수 있을까요?

2. 성왕은 도읍을 웅진(공주)에서 사비(부여)로 옮겼습니다. 이때 나라 이름을 남부여를 고쳐 불렀는데, 그렇게 고쳐 부른 까닭은 무엇일까요?

3. 성왕은 신라 진흥왕과 함께 고구려에 빼앗겼던 한강 유역을 되찾았습니다. 그런데 신라가 다시 고구려와 밀약을 맺고 백제를 배신한 까닭은 무엇일까요?

4. 이번 답사에서 가장 기억에 남는 것은 무엇인지 그린 다음, 그 까닭을 써 보세요.

가장 기억에 남는 것
그린 까닭

09 삼국시대 불교

역사 이야기

인도에서 시작된 불교는 삼국시대에 왕과 귀족을 중심으로 전해졌다. 왕과 귀족들이 세력을 확장하는 데 불교가 큰 받침돌이 되었고, '나라를 지키는 호국불교'로서도 큰 역할을 했다.

고구려는 372년 소수림왕 때 전진에서 온 순도가 불상과 불경을 전하면서 널리 퍼졌다. 그 후 초문사, 아불란사 같은 절이 세워지면서 불교가 자리를 잡았다.

백제는 384년 침류왕 때 동진에서 마라난타가 불교를 전했다.

그러나 신라는 457년 눌지 마립간 때 고구려 승려 묵호자에 의해 처음 불교가 들어왔지만, 귀족들이 반대하여 공인되지 못했다. 법흥왕 때인 527년이 되어서야 이차돈이 순교하여 공인될 수 있었다.

삼국에 불교가 공인되자 '왕이 곧 부처다'라는 사상은 왕권을 한층 더 강화하는 역할을 했다. '현세에 쌓은 공덕이 많고 적음에 따라 다음 세상에서 신분과 지위가 달라진다'라는 사상은 신분제도를 인정하는 구실이 되었다.

삼국시대 불교는 토속신앙과 결합하여 산신각이나 칠성각을 절 안에 세웠다. 백제 무왕은 익산에 미륵사를 세웠고, 신라 진흥왕은 황룡사를, 선덕여왕은 황룡사에 9층 목탑을 세웠다.

또한 일본에도 전해져 일본 문화 발전에도 큰 영향을 주었다. 백제는 불상과 불경과 부처 사리를 전했고, 고구려 담징은 종이, 먹, 맷돌을 전했을 뿐 아니라 호류사에 금당벽화를 그렸다.

삼국이 통일된 뒤 신라는 백제, 고구려 사람들 마음을 하나로 모으기 위해 불교를 더 널리 퍼트렸다.

원효는 모든 것은 마음에서 나온다는 일심사상을 바탕으로 누구나 나무아미타불만 외우면 구원을 받을 수 있다며 신륵사, 청량사, 인각사를 비롯한 많은 절을 세워 아미타신앙을 널리 퍼트렸다. 그러자 귀족중심이던 불교가 일반 백성들에게도 퍼졌다.

의상은 당나라 유학에서 돌아와 세상 모든 것이 서로 조화를 이루고 있다는 화엄사상을 널리 퍼트렸다. 그리고 부석사와 봉정사, 낙산사를 비롯한 많은 절들을 세웠다. 많은 승려들이 당나라로 유학을 갔는데 그 가운데 혜초는 인도로 구법여행을 다녀와 인도와 중앙아시아, 티벳 등 여러 나라 풍물을 생생하게 기록한 ≪왕 오 천축국전≫을 남겼다.

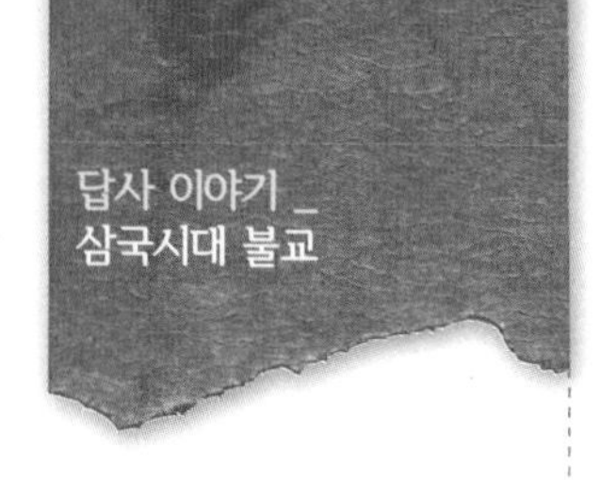

국립중앙박물관 연가 7년명 금동여래 입상

위치 서울특별시 용산구 서빙고로 137

금동여래 입상이란 석가모니가 서 있는 모양을 금동으로 만든 것을 말한다. 연가 7년명 금동여래 입상은 '연가 7년'이라는 글씨가 새겨진 금동여래 입상이라는 뜻이다.

국보 제119호로 높이 16.2센티미터, 상 높이 9.1센티미터, 광배 높이 12.1센티미터, 대좌 높이 4.1센티미터인 불상으로 경상남도 의령에서 출토되었다. 현재는 국립중앙박물관 3층 조각공예관에 있다.

'연가 7년명'은 중국 연호로 539년을 뜻한다. 광배 뒷면에는 평양에 있는 '동사'라는 절에서 승려들이 만든 불상 1천개 가운데 29번째 것이라고 새겨져 있으며 6세기 후반에 만들어진 고구려 대표 불

연가 7년명 금동여래 입상

상이다. 경남 의령에서 출토된 사실로 미루어 보아 만들어진 불상들이 여러 곳으로 퍼져 나갔음을 알 수 있다.

신체에 비해 손, 발과 얼굴이 유난히 크며 오른손은 위를, 왼손은 아래를 향해 강인하게 구부리고 있다. 광배 앞면에는 마치 소용돌이 치듯 강렬한 불꽃무늬가 새겨져 있다. 이는 중국 북위 양식을 반영한 것으로 고구려 사람들이 북방민족이라는 것을 보여주는 특징이다.

서산 마애삼존불

위치 충청남도 서산시 운산면 용현리 산 2-1

마애삼존불이란 바위에 새겨진 부처님 세 분이라는 뜻이다. 충청남도 서산시 운산면 가야산 계곡 절벽에 여래입상을 중심으로 오른쪽에는 보살입상, 왼쪽에는 반가사유상이 새겨져 있다.

연꽃잎을 새긴 대좌(臺座) 위에 서 있는 가운데 여래입상은 통통한 얼굴에 초승달모양으로 된 눈썹, 살구씨 모양으로 된 눈, 넓은 코, 미소를 띤 입 등으로 자비로운 인상을 표현하였다. 오른쪽에 있는 보살 입상은 머리에 관(冠)을 쓰고 얼굴 전체에 미소를 띠고 있다. 왼쪽 반가상 역시 얼굴이 통통하고 미소를 띠고 있다.

6세기 말이나 7세기 초에 만든 것으로 보이는데 이곳이 백제 때 중국으로 통하는 길목이라는 점에서 활발했던 문화교류를 엿볼 수 있다.

'백제의 미소'로 불리는 이 마애삼존불은 보는 각도와 빛이 비추

서산 마애삼존불

는 방향에 따라 표정이 자비롭게도, 근엄하게도 보인다. 그래서 보는 사람 마음가짐에 따라 다르게 보인다는 말이 생겼다.

 정림사지 5층 석탑

위치 충청남도 부여군 부여읍 정림사지길 36

백제가 부여로 도읍을 옮긴 시기에 중심 사찰이 있던 자리가 바로 정림사지이다. 1942년 일본인에 의해 발굴된 절터에서 '태평팔년무진정림사대장장초'라고 쓰인 기와가 발견되면서 '정림사지'라고 부르게 되었다. 절을 세운 것은 6세기쯤으로 짐작된다. 건물 배치는 전형적인 백제 가람배치인 1탑 1금당 방식이다.

정림사지에는 5층 석탑과 더불어 고려시대에 만들어진 석불좌상이 남아 있는 것으로 보아 긴 세월동안 이어져 내려온 절로 보인다.

정림사지 5층 석탑

정림사지 5층 석탑은 백제시대 건축물 가운데 부여에 남아 있는 유일한 것으로 목조건물을 모방하여 섬세한 아름다움을 뽐내고 있다.

5층 석탑 기단에 새겨져 있는 글귀는 백제를 무너뜨린 당나라 소정방이 자기 공적을 남긴 것이다.

미륵사지 9층 석탑

위치 전라북도 익산시 금마면 미륵사지로 362

미륵사지는 백제시대에 세워진 절 가운데 가장 큰 절이다. 《삼국유사》 무왕 조에 보면 백제 무왕이 선화공주와 사자사로 가다가 이곳을 지나는데 연못에서 미륵 삼존이 나타나자 선화공주가 무왕에게 부탁하여 못을 메워 절을 지었다는 전설이 전해온다.

현재에는 미륵사지 석탑과 통일신라 때 세운 당간지주, 건물지와

● 복원된 미륵사 동탑
●● 미륵사 모형

주춧돌이 남아 있다. 석탑 가운데 동탑은 다시 세운 것이며 서탑은 6층까지만 남아 있었는데 지금은 해체하여 복원하는 작업이 진행 중이다.

복원을 마치면 한쪽 변 길이가 10미터, 높이 26미터에 이르는 거대하고 화려한 모습을 되찾을 예정이다.

2009년 미륵사지 석탑을 해체하던 중 발견된 '금제사리봉안기'에는 가람을 건립한 백제 왕후가 '좌평 사택덕적의 딸'이라고 새겨져 있다. 그래서 미륵사를 세울 때 왕비는 선화공주가 아닐 가능성이 제기되기도 했다.

경주 남산

위치 경상북도 경주시 남산 일대

금오산으로도 불리는 남산은 신라 역사 1천년 동안 가장 신성하게 생각하던 곳이며 찬란한 신라문화를 한눈에 볼 수 있는 야외 박물관이라고 할 수 있다. 경주시 중심에서 약 4킬로미터 떨어진 곳에 길쭉하게 타원형으로 솟아 있는 남산에는 수많은 절터와 불상들이 남아 있다. 40여 개나 되는 계곡에는 발견된 절터만 112곳, 탑은 61기, 불상은 80체이다. 불상 중엔 마애불이 51체로 가장 많다. 불교가 들어오기 전부터 믿어온 암석신앙과 불교신앙이 합쳐졌음을 알 수 있다. 남산 서쪽 기슭에는 박혁거세가 탄생한 곳으로 알려진 나정이 있고, 남산 남쪽 끝에는 신라의 멸망을 상징하는 포석정이 자리 잡고 있는데 남산에서 신라가 시작되고 끝난 흔적을 같이 볼 수 있다. 경주 남산은 2000년 12월 유네스코 세계문화유산에 등재되었다.

남산 삼릉계 석불좌상

백률사

위치 경상북도 경주시 산업로 4214-110

이차돈 순교비

신라 법흥왕은 불교를 적극 수용하려고 절을 지으려 했으나 귀족들이 극심하게 반대해서 뜻을 이루지 못했다. 그 때 이차돈이 나서서 자신이 절을 지은 것이라고 하라면서 순교함으로써 불교를 공인할 수 있었다. 순교할 때 잘린 이차돈 목에서 피가 솟고 꽃비가 내렸다. 잘린 목이 솟구쳐 올랐다가 떨어진 곳에 '자추사'라는 절을 지었는데 나중에 '백률사'로 이름을 바꾸었다.

백률사에서는 이차돈이 순교하는 그림과 글이 새겨진 순교비가 출토되었는데 현재는 국립 경주박물관에 소장되어 있다. 또한 백률사 범종에는 '땅이 울리고, 꽃비가 내리고, 흰 피가 흐르는' 이차돈 순교 모습이 새겨져 있다.

황룡사지

위치 경상북도 경주시 구황동 320-1

황룡사는 신라 진흥왕 14년에 착공하여 90여 년 만에 완공한 대규모 호국 사찰이었다. 원래는 궁궐을 지으려고 했던 장소였으나 황

황룡사 모형

룡이 나타나 절로 고쳐지었다고 한다.

신라 세 가지 보물이었던 장륙존상은 높이가 5미터에 이르렀으나 지금은 받침대만 남아 있고 성덕대왕 신종보다 4배나 컸다는 황룡사 범종도 종각 터만 남아 있다. 또 솔거가 그렸다는 금당벽화도 지금은 없지만 터에 남아 있는 목탑터와 금당터, 회랑터 같은 흔적들만으로도 황룡사가 얼마나 큰 절이었는지를 짐작할 수 있다.

선덕여왕 때 세운 9층 목탑은 높이가 80미터나 되었고, 금칠을 했으나 몽골 침략 때 모두 불타버렸다. 황룡사 9층 목탑을 중심으로 금당이 세 개인 1탑 3금당으로 되어 있다. 현재는 넓은 터에 주춧돌들만 남아 있다.

 분황사

위치 경상북도 경주시 분황로 94-11

분황사는 '향기로운 사찰'이라는 뜻이다. 선덕여왕 3년에 세웠고 원효대사와 자장대사가 머물렀다. 원효는 분황사에 머물며 『화엄경소』, 『국광명경소』같은 책을 썼고, 아들인 설총은 원효 상을 만들어 모셔두었다고 한다. 분황사는 몽골 침략과 임진왜란을 거치며 많은 유물이 사라져버렸고, 지금은 석탑과 화쟁국사비편, 삼룡변어정 우

분황사 모전석탑

물 등만 남아 있으나 지금보다 훨씬 더 넓었을 것으로 짐작된다.

분황사 석탑은 돌을 벽돌처럼 잘라 벽돌처럼 잘라 쌓은 것으로 벽돌 탑을 모방한 석탑이라 하여 '모전 석탑'이라고 부른다.

원래는 9층이었으나 지금은 3층만 남아 있다. 1층에는 사방에 문이 있고 안에 감실이 있다. 감실을 지키는 인왕상은 모두 모양이 다른데 아름다운 신라 조각 솜씨를 뽐내고 있다. 위엄 있는 돌사자상 역시 석탑 앞을 당당하게 지키고 있다.

낙산사 의상대

낙산사는 671년 신라 문무왕 때 의상대사가 세운 절이다. 관세음 보살이 머문다는 낙산에 있는 절로 한국전쟁 때 불탔으나 1953년에 다시 지었다. 2005년에 난 큰 산불로 건물 대부분이 불탔다. 다시 짓

위치 강원도 양양군 강현면 낙산사로 100

● 낙산사 원통보전
●● 의상대

고 있는데 조선 세조 때 세운 7층 석탑과 원통보전, 홍예문 등이 남아 있다.

원통보전에는 12세기 초에 제작된 것으로 짐작되는 아름다운 관세음보살이 안치되어 있다.

관동팔경 가운데 하나이며, 홍련암 관음굴로 가는 길 해안 언덕에 자리 잡은 의상대는 바다를 한눈에 볼 수 있는 정자로, 손꼽히는 해돋이 명소이다.

 부석사 무량수전

위치 경상북도 영주시 부석면 북지리 148

봉황산 중턱에 자리 잡은 부석사는 신라 문무왕 16년에 의상대사가 세워서 왕명을 받들어 화엄 사상을 펼치던 곳이다. 〈삼국유사〉에 따르면 당나라 유학을 마치고 돌아오는 의상을 용으로 변해 따라온 선묘라는 여인이 절을 짓도록 도와주고, 침입한 도둑을 바위로 변해 물리친 후에 무량수전 뒤에 내려앉았다고 한다. 지금도 무량수전 뒤에는 '부석'이라 새겨진 바위가 있다. 원효대사도 방문했다고 전해지는데 부석사 조사당에는 의상 소상, 원효 진영, 선묘 초상화가 모셔져 있다.

부석사 무량수전

봉정사 극락전

신라 신문왕 2년(682)에 의상대사가 세운 봉정사는 부석사를 완공한 의상대사가 종이로 봉황새를 만들어 날려서 내려앉은 자리에 절을 짓고 '봉정사'라고 불렀다는 전설이 전해 내려온다. 의상은 이곳에 화엄강당을 짓고 여러 제자들에게 설법을 펼쳤다.

또 의상이 기도를 위해 산에 오를 때 푸른 말이 앞길을 밝혀주었다 하여 산 이름을 '천등산'이라고 지었다.

1972년 극락전 보수공사 때 고려 공민왕 12년(1363)에 지붕을 수리했다는 상량문이 발견되어 현재 남아 있는 가장 오래된 목조건물이 되었다. 목조건물은 지붕수리를 할 때까지 보통 100~150년 정도가 걸리는 것을 토대로 하여 처음으로 지은 연도를 1200년대로 짐작했기 때문이다.

위치 경상북도 안동시 서후면 봉정사길 222

봉정사 극락전

더 깊이 알기

1. 삼국시대 불교는 언제, 누가 전래했나요?

	언제	누가
고구려		
백 제		
신 라		

2. 신라가 불교를 공인하는 데 목숨을 바쳐 순교한 사람은 누구인가요?

3. '나라를 지키는 불교'란 뜻으로 삼국시대 불교가 가진 특징은 무엇인가요?

4. 삼국시대 불교가 토속신앙과 결합했다는 증거는 무엇인가요?

5. 왕권을 강화하기 위해 백제 무왕과 신라 진흥왕이 세운 절 이름은 각각 무엇인가요?

6. 일본 호류사에 있는 금당벽화를 그린 고구려 승려는 누구인가요?

7. 원효가 널리 퍼트린 불교신앙은 무엇인가요?

8. 화엄종을 퍼트리고 부석사, 봉정사 등 많은 사찰을 세운 승려는 누구인가요?

9. 혜초가 인도와 중앙아시아, 티벳 등을 다녀와 남긴 책은 무엇인가요?

생각해보기

1. 불교가 삼국시대에 왕권을 한층 더 강화하는 데 역할을 할 수 있었던 까닭은 무엇일까요?

2. 고구려나 백제보다 신라에서 불교가 늦게 공인된 까닭은 무엇일까요?

3. 삼국시대 불교가 신분제도를 확고하게 해준 까닭은 무엇일까요?

4. 삼국시대 불교 답사에서 가장 기억에 남는 것은 무엇인지 그린 다음, 그 까닭을 써 보세요.

가장 기억에 남는 것
그린 까닭

10 통일 기반을 다진 신라

역사 이야기

신라는 6세기에 지증왕과 법흥왕을 거치면서 더욱 탄탄한 국가가 되었다. 지증왕은 나라 이름을 신라로 바꾸고, 임금을 왕이라고 부르며 소가 쟁기를 끌어서 농사를 짓는 '우경'을 실시해 농업생산량을 늘렸다. 법흥왕은 불교를 공인해 백성들 마음을 하나로 모으고 왕권을 강화했다.

6세기 중반 진흥왕은 인재를 양성하기 위해 원화제도를 없애고 화랑제도를 만들어 국가조직으로 바꾸었다.

나라가 안정되자 진흥왕은 영토 확장에 나섰다. 백제 성왕과 함께 고구려를 공격하여 한강 상류 지역을 차지했다. 그리고 난 뒤 나제동맹을 깨고 백제를 공격해 한강 하류 지역까지 차지했다. 처음으로 신라가 한강 유역 땅을 모두 차지하게 된 것이다. 다음에는 대가야를 정복하고 난 뒤, 가야 연맹이 차지하고 있던 모든 지역을 신라 영토로 만들었고, 동해안을 따라 함흥평야까지 진출했다. 영토가 넓어진 것을 알리기 위하여 충북 단양에 있는 적성에 비를 세우고, 황초령과 마운령, 창녕, 북한산에 순수비를 세웠다.

신라에는 골품제도라는 신분제도가 있었다. 골품에는 성골, 진골 같은 왕족, 그리고 6두품에서 1두품까지가 귀족신분이었다. 골품에 따라 왕위계승, 관직, 결혼, 집이나 수레 크기, 옷차림과 사용하는 그릇 등이 정해졌다.

진흥왕이 죽고 나자 진지왕, 진평왕에 이어 27대왕으로 선덕여왕이 즉위했다.

왕위를 계승하던 성골에서 대를 이을 남자가 없자 딸이었던 덕만공주가 즉위하게 된 것이다. 우리나라 최초로 여성이 왕위를 잇게 된 것은 골품제도 때문이었다. 선덕여왕은 왕위에 오른 뒤 첨성대와 분황사를 세우고, 황룡사에 9층 목탑을 세우는 등 불교를 널리 퍼트려 왕실에 대한 권위를 높였다. 또한 김춘추와 김유신 등 인재를 많이 등용해 군사력을 키우고, 외교활동을 활발히 펼쳐 삼국통일을 이룰 수 있는 힘을 마련했다.

선덕여왕을 이은 진덕여왕이 죽고 나자 더 이상 왕위를 이을 성골이 없었다. 그래서 진골인 김춘추가 왕위에 올랐다. 김춘추는 당나라로부터 도움을 받아 백제를 정복하고 삼국 통일 기반을 다지는 데 성공했다.

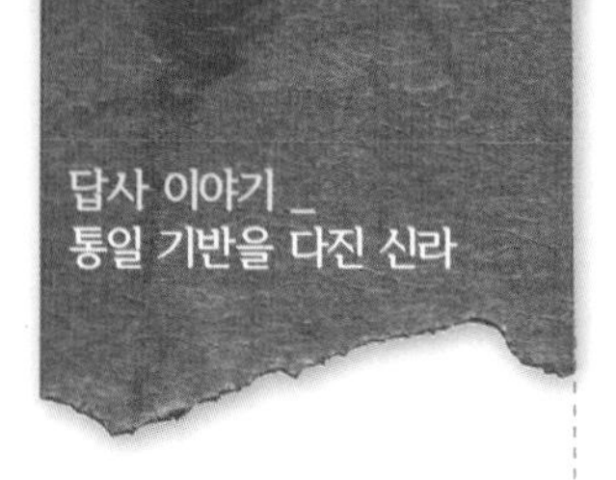

단양적성비

위치 충청북도 단양군 단성면 하방리 산3-1

삼국시대인 6세기 후반, 신라 진흥왕 때 세운 단양 적성비는 영토를 확장하고 있던 신라가 고구려 영토였던 단양군 적성 둘레를 차지한 것을 기념해서 세운 비석이다. 현재 420여 자 가운데 288자를 알아볼 수 있다.

단양적성비

해독한 비문 내용에는 전쟁에서 공을 세운 적성 출신 장군에게 상을 주고 신라에 충성하는 마음을 사람들에게 심어주려는 내용과 새로 신라 백성이 된 이곳 민심을 달래기 위한 제도를 설명하고 있다. 당시 신라가 나라를 다스리기 위해 만든 법률제도를 알 수 있는 중요한 비석이다.

첨성대

위치 경상북도 경주시 인왕동 839-1

첨성대는 신라시대에 만든 천문관측대로 아시아에 남아 있는 것 가운데 가장 오래된 것이다. 《삼국유사》에 따르면 선덕여왕 시절에 만들었다고 하는데 정확한 연대는 알 수 없다. 정사각형 모양으로 된 기단 위에 두께가 30센티미터인 돌 362개를 27단으로 쌓아 올렸으며, 한가운데에는 네모난 창이 뚫려 있고, 꼭대기에는 우물정자 모양을 한 정자석을 올려놓았다. 이 돌 위에 천문관측기구를 설치하고 하늘을 살핀 것으로 짐작하고 있다. 하지만 첨성대가 천문현상을 관측하던 곳이 아니라는 사람들도 있다. 첨성대에는 문이 없고 꼭대기에 있는 관측 장소가 비좁아 천문대로 쓰기가 힘들다는 것이다. 천문관측보다는 하늘에 제사를 지내기 위한 제단이라는 것이다. 그러나 첨성대가 만들어진 뒤부터 천문현상이 더 구체적이고 자세하게 기록되었고, 기록된 양도 이전에 비해 크게 늘어난 것과 첨성대 모양이 조선시대 천문대였던 관천대와 비슷하다는 점 등을 근거로 천문관측대라는 의견이 더 많다.

경주 첨성대

선덕여왕릉

위치 경상북도 경주시 보문동 산 79-2

신라에는 골품제도라는 신분제도가 있어서 신분에 따라 오를 수 있는 지위가 달랐다. 진평왕이 아들 없이 죽자, 왕위를 이을 성골남

선덕여왕릉

자가 없었다. 그래서 우리나라 역사에서 처음으로 왕위에 오르게 된 여성이 바로 선덕여왕이다. 경주 낭산에 있는 선덕여왕 무덤은 지름이 약 24미터, 봉분 높이는 약 7미터이다. 《삼국사기》에 따르면 선덕여왕은 앞날을 내다보는 예지력이 있어서 죽을 날짜와 장사 지낼 곳을 미리 알려주었다고 한다.

 김유신묘

위치 경상북도 경주시 충효동 산 7-10

삼국 가운데 가장 늦게 발전한 신라가 삼국을 통일하는 데 큰 역할을 했던 사람이 바로 김유신 장군이다. 무덤은 죽은 다음해인 674년에 만들어졌다.

김유신묘

김유신은 죽은 뒤 흥무대왕에 봉해질 정도로 신라 사람들이 높이 받들었다. 그래서 무덤을 만들 때 문무왕이 공덕비를 세우고 묘를 지키는 사람까지 정했다. 무덤 지름이 30미터나 되는데 왕릉과 비교해도 부족함이 없다. 그리고 봉분 아래에는 병풍처럼 호석을 둘렀다. 호석은 무덤을 둘러쌓은 돌을 말한다. 이 호석에 십이지신상 무늬를 새겼는데, 이러한 무덤양식은 조선시대에까지 이어졌다.

무열왕릉

무열왕릉은 신라가 삼국통일을 할 수 있는 기반을 닦고, 당나라와 연합해 백제를 멸망시킨 무열왕 김춘추가 묻혀 있는 무덤이다. 선덕여왕 뒤를 이은 진덕여왕 역시 후손이 없어서 왕위를 이을 성골이 없어지자, 진골 출신으로 김춘추가 처음 왕위에 올랐다.

위치 경상북도 경주시 서악동 842

무덤 지름이 약 36미터, 봉분 높이는 약 9미터이다. '태종무열대왕지비'라는 글자가 새겨진 비석이 무덤 근처에서 발견되어 정식 묘호가 있는 유일한 신라 왕릉 주인공이다. 태종무열왕비는 당나라 양식에서 영향을 받았으며 문무왕 1년에 세워졌다. 지금은 비석 몸통이 없다.

태종무열왕릉비

창녕순수비

위치 경상남도 창녕군 창녕읍 교상리 28-1

진흥왕이 왕위에 오른 뒤부터 신라는 영토 확장 정책을 펼쳤다. 먼저 가야를 병합했는데 창녕도 이 시기에 신라 영토로 편입되었고, 그것을 기념하기 위해 세운 비석이다.

비석이 발견된 초기에는 '순수관경'이라는 글자가 보이지 않아 영토 편입을 기념해 세운 척경비라고 생각했다. 하지만 비문을 해석해 보니 진흥왕을 따라온 신하들 명단이 기록되어 있어 임금이 직접 다녀간 것을 기념한 순수비로 밝혀졌다. 왕을 따라왔던 신하들 명단이 관직, 직위, 소속 등 순서로 기록되어 있어 당시 신라 행정조직을 파악하는 데 큰 도움이 되고 있다.

창녕순수비

대야성지

대야성은 신라와 백제 국경지대로 두 나라 사이에 전투가 자주 일어났던 곳이었다. 백제가 신라 수도인 서라벌로 가기 위해서는 꼭 넘어야 하는 곳이기도 했다. 6세기 중반인 진흥왕 시절에 백제를 막기 위해 흙과 돌로 쌓았다고 전해진다. 해발 90미터인 매봉산 정상을 두른 대야성은 성벽 길이가 약 300미터 정도로 짐작되지만, 지금은 거의 다 훼손되고 원형을 알아보기가 어렵다. 지금은 흔적을 찾기도 어렵지만, 주위를 둘러보면 왜 이곳에 성을 쌓았고, 왜 점령하기 어려운 곳이었는지를 알 수 있다.

선덕여왕 11년인 642년, 윤충이 이끄는 백제군을 막지 못하고 함락되기도 했다. 이때 대야성 성주였던 사위 김품석과 딸이 죽자, 김춘추가 백제를 멸망시킬 결심을 하게 만든 곳이기도 하다.

위치 경상남도 합천군 합천읍 합천리 산 2

대야성지

더 깊이 알기

1. 신라는 지증왕과 법흥왕을 거치면서 나라를 새롭게 정비했습니다. 이 왕들은 각각 어떤 일들을 했나요?

   지증왕 -

   법흥왕 -

2. 신라는 진흥왕 시절에 크게 성장했습니다. 진흥왕은 어떤 일들을 했나요?

3. 신라에 있었던 신분제도는 무엇인가요?

4. 우리나라 역사에서 처음으로 선덕여왕이 왕위에 오를 수 있었던 까닭은 무엇인가요?

5. 왕위에 오른 선덕여왕이 한 일은 무엇인가요?

6. 신라는 이 나라 도움을 얻어 백제를 정복하게 됩니다. 신라가 도움을 받은 나라는 어느 나라인가요?

7. 이 나라가 도움을 주도록 이끌어 낸 사람은 누구인가요?

생각해보기

1. 신라에는 골품제도라는 신분제도가 있었습니다. 신분제도는 당시 사회에서 어떤 기능을 했을까요?

2. 삼국 가운데 가장 힘이 약했던 신라는 6세기에 와서 크게 성장합니다. 6세기에 신라가 성장하게 된 까닭은 무엇일까요?

3. 이번 답사에서 가장 기억에 남았던 곳은 어디인지 그린 다음, 그 까닭을 써 보세요.

가장 기억에 남는 것
그린 까닭

11 천도로 일어나려 한 무왕과 선화공주

역사 이야기

관산성 전투에서 아버지인 성왕이 전사하자 위덕왕이 왕위에 올랐다. 위덕왕은 아버지 원수를 갚기 위해 여러 차례 신라를 공격했지만 신라군에 밀려 번번이 실패했다. 위덕왕을 이은 혜왕과 법왕도 왕위에 오른지 1년여 만에 죽자, 마를 캐며 살아가던 서동이 왕위에 올라 무왕이 되었다. 서동은 신라 진평왕 딸인 선화공주와 결혼하기 위해,

선화공주님은
남 몰래 사귀어
맛둥 도련님을
밤에 몰래 안고 간다

라는 서동요를 지어 경주에서 아이들에게 퍼뜨렸다. 이 소문이 퍼지자 선화공주는 궁에서 쫓겨나 귀양을 가게 되었다. 서동이 귀양 가는 선화공주를 호위하자 선화공주도 서동을 믿게 되었고 두 사람은 결혼을 했다.

신라 공주와 결혼한 무왕은 신라와 백제 사이에서 끊이지 않는 전쟁을 멈추려 했으나 귀족들이 반대했다. 그러자 무왕은 자신을 지지하는 세력이 있는 익산으로 천도를 시도했다. 익산에다 동양에서 가장 큰 절인 미륵사를 세워 불교를 통해 왕권을 강화하려 했다. 궁궐도 세웠다. 그러나 귀족들이 반발해 천도는 실패하고 말았다.

무왕을 이은 의자왕은 직접 군사를 이끌고 신라로 쳐들어가 성 40여 개를 빼앗았다. 대야성(경남 합천)을 함락시키고 김춘추 사위와 딸을 죽였다. 또 당(항)성을 빼앗아 신라가 당나라로 가는 길목을 막았다.

위기에 처한 신라는 당나라와 손을 잡고 백제를 공격했다. 소정방이 이끄는 당나라 군대가 금강으로 쳐들어가고 김유신은 탄현을 넘어 쳐들어갔다.

계백과 결사대 5천 명이 황산벌에서 김유신과 싸웠으나 패하였고 사비성이 함락되자 웅진에 있던 의자왕이 항복하면서 백제는 멸망했다.

그러나 백제 사람들은 백제를 지배하려는 당나라에 맞서 부흥운동을 벌였다. 왕족인 복신과 승려인 도침은 주류성에서, 흑치상지는 임존성에서 군사를 일으켰다. 왜에 가 있던 왕자인 풍을 맞아들여 왕으로 삼고 사비성을 비롯한 당나라와 신라군을 공격했다. 하지만 지도층 사이에 내분이 일어나고 부흥운동을 도우러 온 왜도 백강에서 나·당연합군에게 패하면서 백제부흥운동은 실패하고 말았다.

국립부여박물관

위치 충청남도 부여군 부여읍 금성로 5

부여 금성산 아래에 자리 잡은 부여박물관에는 부여 지역과 백제시대 유물들이 전시되어 있다. 부여박물관은 일제강점기인 1929년 부여 사람들이 만든 '부여고적보존회'로부터 시작되었다. 1945년 '조선총독부박물관 부여 분관'으로 바뀌면서 부여 박물관으로 불리게 되었다. 1945년에 해방이 되면서 '국립박물관부여분관'으로 이름이 바뀌고, 1971년 부소산 남쪽에 새 박물관을 지었다가 1993년에 지금 자리에 백제 옛 건물을 본떠 전시관 4개와 야외 전시관을 갖춘 박물관을 새로 지었다.

이 박물관에서는 백제 유물과 더불어 선사시대에 충남 지역 사람들 생활모습도 볼 수 있다. 특히 백제금동대향로는 부여박물관에 전시된 유물 가운데 가장 으뜸으로, 백제 사람들이 얼마나 뛰어난 금

국립부여박물관

백제금동대향로 발굴 이야기

백제금동대향로

백제금동대향로는 외국으로 빠져나가지 않는 중요한 문화재이다. 향로는 능산리 고분에 주차장을 만들면서 발굴되었다.

우리나라 땅은 산성이 강해 땅 속에 묻힌 유물이 오랫동안 보존되기 어려운데 이 향로는 공기가 통하지 않고 질척거리는 진흙 속에서 1300여 년이나 그대로 묻혀 있었다.

발굴된 자리는 백제왕들에게 제사 지내던 곳으로 향로가 묻혀 있던 곳은 절에서 쓰는 물건을 만들던 공방자리로 짐작하고 있다.

속 공예기술을 가지고 있었는지 알 수 있다. 또 야외 전시관에 서 있는 '당 유인원 기공비'는 백제를 멸망시킨 당나라 장수 유인원을 기리는 비석으로 비참한 백제 멸망과정을 알 수 있다.

부여 정림사지

위치 충청남도 부여군 부여읍 정림사지길 36

정림사는 고려 때 지어진 이름이고 백제시대에는 어떤 이름으로 불렸는지는 모른다. 현재는 정림사지 5층 석탑과 고려 때 돌로 만든 불상이 남아 있다. 백제시대 사비에는 왕궁과 궁남지로 연결되는 큰 도로가 있었는데, 정림사는 그 길 오른쪽에 있었던 절로 짐작된다.

정림사지 5층 석탑

또한 정림사에는 개천을 이용한 연지가 있는데 이곳에서 많은 유물들이 나왔다. 이 유물들은 정림사지 박물관에 전시되어 있다.

5층 석탑은 익산미륵사지 석탑과 함께 백제를 대표하는 석탑이다. 옛 기록에 따르면 백제는 절도 많고 탑도 많았다고 하는데 우리가 볼 수 있는 것은 이 두 기 뿐이다.

미륵사 석탑은 목탑을 본뜬 흔적만 남아 있지만, 정림사지 5층 석탑은 단순한 모습으로 목탑을 본뜬 석탑이라는 것을 알 수 있게 해 준다.

그런데 정림사지 5층 석탑은 한동안 백제를 멸망시킨 당나라 장수 소정방이 세운 것이라고도 했는데, 1층 탑신부에 새겨진 '大唐平濟國碑銘(대당평제국비명)' 이라는 글자 때문이었다. 그러나 이 글자는 소정방이 백제를 멸망시키고 그것을 기념하기 위해 원래 있던 탑에 새긴 것으로 밝혀졌다.

부여 궁남지

위치 충청남도 부여군 부여읍 궁남로 52

궁남지는 무왕과 선화공주 이야기가 담겨 있는 곳으로 우리나라 연못 가운데 가장 먼저 만들어진 것이다. 《삼국유사》에는 무왕 어머니가 궁남지에 살던 용과 결혼해서 무왕을 낳았다고 한다. 그러나 궁남지는 무왕 때 만들어진 연못이므로 이이야기는 나중에 사람들이 만들어 붙인 것으로 보인다. 《삼국사기》에 의하면 무왕이 궁 남쪽에 못을 파고 20여리 밖에서 물을 끌어 들였으며, 못 둘레에는 수양버들을 심고 가운데에는 섬을 만들었다고 한다. 이 섬은 도교에서 말하는 영주산, 봉래산과 함께 신선이 살고 있다는 방장선산을 본떴다. 이렇게 만들어 놓은 연못에서 무왕은 선화공주와 함께 배를 띄우고 놀았다고 한다. 원래는 지금보다 훨씬 넓었다는 것을 알 수 있다.

그리고 궁남지는 경주 안압지보다 40년 앞서 만들어졌으므로 안압지를 만드는 모형이 되었을 것으로 짐작한다.

궁남지

부소산성

위치 충청남도 부여군 부여읍 관북리

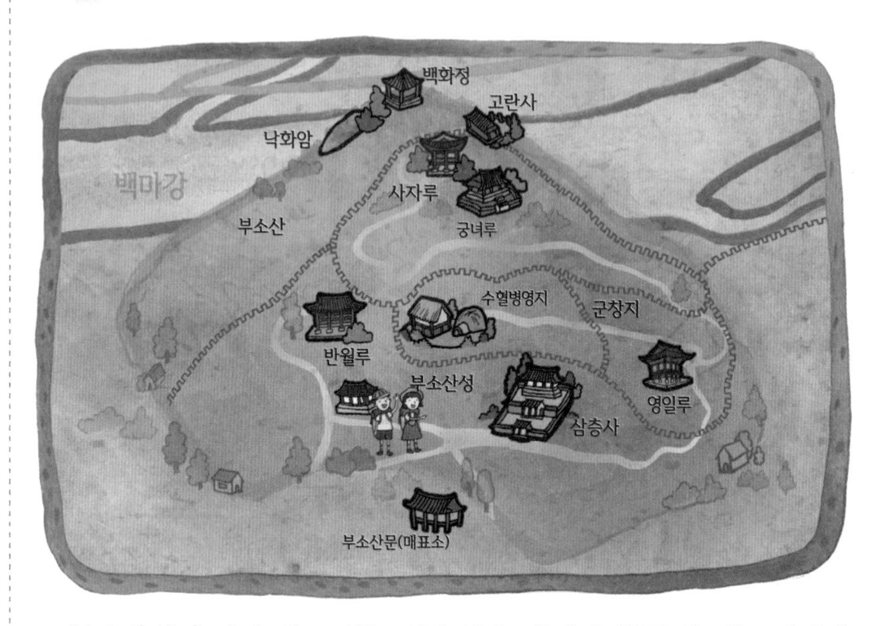

부소산성이 자리 잡고 있는 부소산은 백마강 북쪽에 있는 나지막한 구릉이다. 부소산성이 완성된 것은 성왕이 도읍을 사비로 옮기던 무렵으로 짐작했지만 이미 동성왕 때 산봉우리에 산성을 쌓았고, 무

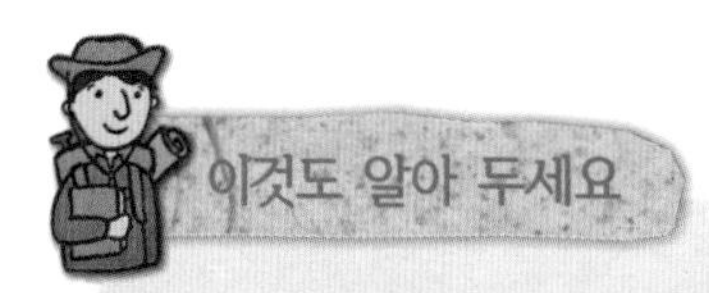

지형에 따라 쌓는 산성

퇴뫼식 성곽이 산꼭대기를 중심으로 한 바퀴 둘러쌓는 방식이다. 마치 머리에 테를 두른 모양 같다고 해서 붙여진 이름이다.

포곡식 성곽이 하나 또는 여러 개를 감싸고 쌓은 것을 말한다. 마실 물을 얻기 위해 계곡을 포함하는 것이다.

복합식 산성 테뫼식과 포곡식을 합쳐서 쌓은 산성으로 규모가 큰 산성이나 도성에 해당되는 경우가 많다.

왕이 다시 고쳐 쌓은 것이다.

북쪽으로 강이 있고 강 앞에 산이 막아선 모습은 공주에 있는 공산성과 비슷하다. 성곽은 산 정상에 테뫼식으로 쌓고, 그 둘레를 다시 포곡식으로 둘렀다. 돌과 흙을 섞어 쌓는 '토석혼축성'이다.

산성 안에는 누각 여러 개와 백제를 지킨 충신 3명을 모신 삼충사, 군대 식량을 보관하던 군창지, 삼천궁녀가 떨어져 죽었다는 낙화암 등이 있다.

삼충사

위치 충청남도 부여군 부여읍 부소로 31

삼충사는 백제 충신이었던 성충과 흥수와 계백을 기리는 사당이다.

성충은 잘못된 정치를 바로잡기 위해 애쓰다 감옥에 갇혀 스스로 굶어죽었다.

흥수는 귀양 가 있으면서도 나당연합군이 공격해 오자 탄현을 지

삼충사

키라고 의자왕에게 당부했다. 하지만 그를 귀양 보냈던 귀족들이 반대해 탄현과 백강을 지키지 못하였고 결국 백제는 멸망했다.

계백은 김유신이 이끄는 신라군 5만 명이 황산벌로 쳐들어오자 결사대 5천 명을 이끌고 장렬하게 싸우다 전사했다.

1957년에 지은 사당을 1981년 다시 고쳐지었다. 해마다 10월에 열리는 백제문화제 때 삼충제를 지내고 있다.

고란사

위치 충청남도 부여군 부여읍 부소로 31

고란사라는 절 이름은 절 뒤 벼랑에서 자라는 고란초가 있다고 해서 붙여졌다. 절이 세워진 것에 대한 기록은 없으나, 백제 말기 왕들을 위한 정자였다고도 하고 궁중에서 예불을 드리는 내불전(內佛殿)이었다고도 한다. 백제 멸망과 함께 불타 버린 것을 고려시대에 백제 후예들이 삼천궁녀를 위로하기 위해 새로 지었다고 한다. 그래서인지

고란사

고란사 벽에는 떨어져 죽는 궁녀와 죽기 위해 줄을 선 궁녀들 모습을 그려 놓았다. 고란사는 약수와 고란초가 유명한데 왕이 마셨다는 약수는 바위틈에서 나와 고인 물이다. 고란초는 고사리과에 속하는 식물로 이곳에서만 자란다.

 낙화암

위치 충청남도 부여군 부여읍 부소리 31

낙화암은 백제가 멸망할 때 삼천궁녀가 떨어져 죽었다는 이야기가 전해지는 곳이다. 그러나 삼천이나 되는 사람이 떨어져 죽기에는 낙화암 절벽이 비좁고 낮아 보인다. 《삼국유사》에는 낙화암이 타사암(사람이 떨어져 죽은 바위)이라고 되어 있다. 이런 내용을 보면 나당연합군에 의해 마지막까지 쫓기던 백제 사람들이 이곳에서 떨어져 죽은 것은 사실인 것 같다.

하지만 당시 사비성 인구가 5만 명 정도로 짐작되고, 조선시대에

낙화암

도 궁녀는 육백 명 정도밖에 되지 않았다. 또한 당시에 궁녀가 삼천 명 있었다는 기록은 어디에서도 찾아볼 수 없다. 그러므로 사비성에 궁녀가 삼천 명이나 있었다는 건 믿기 어렵다. 다만 조선시대 시인 민제인이 쓴 [백마강부]라는 시에 '궁녀 수 삼천'이라는 말이 처음 나왔다. 삼천궁녀를 소재로 한 대중가요가 수십 곡 나오면서 마치 삼천 궁녀를 거느리며 방탕한 생활을 한 의자왕 때문에 백제가 멸망했다고 생각하게 되었다.

생각거리 의자왕은 정말로 삼천 명의 궁녀를 거느리고 방탕한 생활을 했을까?

익산 미륵사지

위치 전라북도 익산시 금마면 미륵사지로 362

미륵산 자락 너른 터에 자리 잡은 미륵사지는 석탑과 당간지주, 석등 정도가 남아 있지만, 넓은 터만으로도 얼마나 규모가 큰 절이었는지를 짐작할 수 있다. 미륵사는 7세기 백제 무왕 때 만들어진 절이다. 서동요를 지은 무왕과 신라 진평왕 딸인 선화공주가 깊은 불심으로 지어서 백제를 더욱 강한 나라로 만들려고 했던 절이다.

탑 세 개와 금당 세 개가 자리 잡았던 절 모습이 유물 전시관에 복원되어 있다.

미륵사지에 서 있는 석탑은 우리나라에서 가장 오래되고 규모가 큰 탑이다. 그리고 목탑 양식을 그대로 따른 석탑이다.

복원된 미륵사 동탑

석탑은 원래는 9층이었는데 6층까지만 남아 있었다. 그마저도 1915년 일본인들이 무너진 부분을 콘크리트로 발라 허술하게 복원해서 볼품없는 모습이 되어버렸다. 다시 해체해서 복원하는 작업을 하고 있다. 동탑은 1992년 문화재관리국에서 동탑지에서 발견된 탑 부재를 치밀하게 조사해 9층으로 복원했다.

 익산 쌍릉

위치 전라북도 익산시 석왕동 산 55, 56

쌍릉은 굴식 돌방무덤으로 7세기 말기 부여시대 무덤으로, 부여 능산리 굴식 돌방무덤과 같은 양식이다. 이 무덤을 무왕이 창건한 미륵사와 연결시켜 본다면 무왕과 선화공주가 묻힌 무덤일 가능성이 높다.

봉분 2기가 남북으로 약 150미터 떨어져 있다. 북쪽에 있는 무덤

무왕묘 쌍릉

은 '말통대왕릉' 또는 '대왕릉'으로 부르고, 남쪽에 있는 크기가 약간 작은 능은 '소왕릉'이라고 불렀다. 여기에서 '말통'이라는 말은 서동 이름인 마동이 잘못 전해진 것이라고 한다.

대왕릉은 고려시대에 왜구들에게 여러 번 도굴당했는데 1917년 일본 학자에 의해 발굴되었다. 유물은 남아 있지 않고, 나무널만 복원하여 국립전주박물관에 전시하고 있다.

황산벌

위치 충청남도 논산시 연산면 일대, 넓은 들

황산벌은 충청남도 논산시 연산면 천호리·연산리·표정리·관동리·송정리를 아우르는 들판을 말한다. 계백 장군이 이끄는 5천 결사대가 김유신이 이끄는 5만 군사와 맞서 싸운 곳이다. 김유신은 황산벌을 빨리 뚫고 지나가 당나라군과 사비에서 만나기로 되어 있었다. 그러나 백제군을 이기지 못해 사기가 떨어졌다. 김유신은 신라군 사기를 끌어올리기 위해 관창을 비롯한 화랑들을 죽음으로 몰아넣고서야 겨우 백제군을 물리칠 수 있었다. 이 싸움에서 계백과 결사대는 전멸하고 말았다.

후백제 신검도 이 곳에서 고려 왕건에게 항복한 것으로 알려져 있다.

현재는 황산벌이 어디인지 정확하게 알 수는 없다. '백제군사박물관' 뒤편에 황산루가 있고, 황산루 바로 뒤편에 '황산벌 전적지 전망대 20미터'라고 적힌 팻말이 있다. 하지만 그곳에서 바라본 황산벌은 벌판이라는 느낌이 전혀 들지 않는다. 나지막한 언덕과 논, 그리고 마을들이 자리 잡고 있을 뿐이다. 전망대도 휑한 둔덕이 전부이다. 게다가 나무들이 시야를 가려서 답답한 느낌도 든다. 다만 황산루 뒤편에 있는 커다란 지도에 황산벌 전적지를 표시해 두었다. 그리고 백제군과 신라군이 싸워 승리했다고 하는 승적골, 계백 장군 시신을 가매장 했다고 하여 가장골이라는 지명이 남아 있으며, 이곳에 계백 장군묘와 백제군사박물관이 자리 잡고 있다.

생각거리 계백이 가족을 모두 죽이고 전장에 나간 것은 잘 한 일일까요?

황산벌

백제군사박물관

백제군사박물관

위치 충청남도 논산시 부적면 충곡로 311-54

전시실 3개로 이루어진 백제군사박물관은 백제시대에 군사 활동과 무기, 그리고 사비와 부여를 지키는 군사적 요충지였던 논산에 대한 역사를 볼 수 있다.

계백장군묘

계백장군묘

백제군사박물관 건물 왼편에 자리 잡고 있는 계백장군묘는 전쟁이 끝나고 백제 유민들이 계백장군 시신을 매장했다고 전해 온다. 이곳을 가매장 한 골짜기라고 하여 '가장골'이라고 부른다.

충장사

충장사

충장사에는 계백장군 위패와 영정이 모셔져 있다.

충곡서원

충곡서원은 조선시대에 박팽년, 성삼문, 이개, 유성원, 하위지, 유응부 등 사육신을 추모하기 위해 세운 서원으로 부적면 충곡리 수락산 서쪽 산록에 자리 잡고 있다. 계백장군 위패를 가장 중요하게 모시고 있는데 공개하지 않기 때문에 직접 볼 수는 없다.

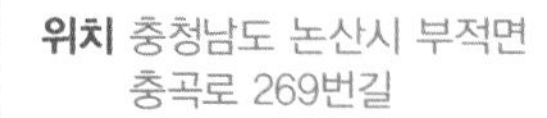

위치 충청남도 논산시 부적면 충곡로 269번길

충곡서원지

더 깊이 알기

1. 무왕이 신라 공주와 결혼한 까닭은 무엇인가요?

2. 무왕이 익산으로 천도하려고 했던 까닭은 무엇인가요?

3. 무왕이 익산에 동양 최대 규모인 미륵사를 세운 까닭은 무엇인가요?

4. 무왕에 이어 왕권을 강화하고 직접 군사를 이끌고 신라로 쳐들어가 성 40여 개를 빼앗은 백제 왕은 누구인가요?

5. 위기에 처한 신라가 누구와 손을 잡고 백제를 공격했나요?

6. 당나라와 신라가 침입한 길을 적어 보세요.

당나라 ▶

신라 ▶

7. 계백이 5천 결사대를 이끌고 김유신을 막으려 했던 곳은 어디인가요?

8. 백제 사람들이 백제를 지배하려는 당나라에 맞서 부흥운동을 벌였으나 실패로 끝난 까닭은 무엇인가요?

생각해보기

1. 용과 어머니 사이에서 무왕이 태어났다고 한 까닭은 무엇일까요?

2. 무왕은 왜 익산으로 천도하려 했을까요?

3. 백제가 멸망할 때 왜 계백 장군이 이끄는 군대만이 신라군에 맞서 싸웠을까요?

4. 이번 답사에서 가장 기억에 남는 것은 무엇인지 그린 다음, 그 까닭을 써 보세요.

가장 기억에 남는 것
그린 까닭

12 고구려 멸망과 발해

답사 없는 역사 이야기

중국에서 한나라가 멸망하고 위진남북조시대까지 400여 년 동안 분열되어 있었던 땅을 통일한 수나라는 고구려에게 조공을 바치라고 요구했다. 동북아시아 최강국이던 고구려는 수나라 요구를 거절했다. 수나라가 동북쪽으로 세력을 확장하려고 하자, 고구려 영양왕이 요서지방을 공격했다.

그러자 수나라 문제가 30만 대군을 이끌고 쳐들어왔으나 홍수와 풍랑을 만나 되돌아가고 말았다. 문제를 이어 왕위에 오른 양제는 세 차례에 걸쳐 고구려로 쳐들어왔다.

612년에는 113만 대군을 이끌고 쳐들어왔다. 요동성을 무너뜨리지 못한 수나라 양제는 35만 명이나 되는 별동대를 만들어 평양으로 쳐들어가게 했다.

을지문덕이 이끄는 고구려군은 하루에 일곱 번 싸워서 일곱 번을 지는 척하면서 평양성 30리 밖까지 수나라 군을 끌어들였다.

오랜 행군과 굶주림으로 수나라 군을 지치게 한 을지문덕은 수나라 장수 우중문에게,

여수장우중문(與隋將于仲文,수나라 장군 우중문에게)

신책구천문(神策究天文. 신기한 재주는 그 이치가 하늘에 닿았고)

묘산궁지이(妙算窮地理. 교묘한 작전은 그 지혜가 땅에 다 찼소)

전승공기고(戰勝功旣高. 이미 전쟁에 이겨 공이 높으니)

지족원언지(知足願言止. 만족함을 알았으면 전쟁 그만둠이 어떠하오)

라는 시를 써서 보냈다.

그 편지를 받은 우중문은 그때서야 을지문덕에게 속은 것을 깨닫고 급히 후퇴 명령을 내렸다. 정신없이 도망치던 수나라군은 살수에서 고구려군에게 거의 전멸하고 말았다. 살아 돌아간 수나라군은 겨우 2천 7백 명밖에 되지 않았다. 이것이 바로 살수대첩이다.

그 뒤에도 수나라는 두 번이나 더 고구려로 쳐들어왔으나 고구려가 모두 막아냈다.

수나라를 이은 당나라는 고구려와 친하게 지내는 정책을 썼으나 당나라 사정이 좋아지자 고구려를 여러 번 공격해왔다.

고구려 연개소문은 요하를 따라 천리장성을 쌓고 당나라 침략에 대비했다.

당나라 태종이 쳐들어왔지만 양만춘이 안시성에서 막아냈다.

고구려 원정에 잇달아 실패하여 지친 당나라에 신라가 동맹을 맺자고 했다. 백제로부터 공격을 받아 위기에 몰린 신라가 고구려와 왜에 도움을 요청했으나 거절당하자 당나라와 손을 잡으려 한 것이었다.

당나라는 신라가 뒤에서 도운다면 고구려를 무너뜨릴 수 있을 것이라고 생각해 신라와 손을 잡았다. 당나라는 신라에 군대를 보내는 대신 고구려 땅을 차지하고, 신라는 당나라 문물과 제도를 받아들인다는 조건이었다.

660년에 나당연합군은 백제를 공격했다. 내분으로 국력이 약해진 백제는 김유신이 이끄는 신라군을 맞아 계백장군이 이끄는 5천 결사대가 황산벌에서 분전했으나 패하면서 멸망하고 말았다.

고구려도 당나라와 여러 번 전쟁을 치르면서 국력이 약해졌다. 연개소문이 죽고 난 뒤에 권력다툼과 내분으로 결국 668년에 멸망했다.

고구려가 멸망하고 난 뒤, 한반도 북부와 만주지역은 당나라가 지배했다. 당나라 지배에 고구려 유민들이 불만을 드러내자, 고구려 마지막 왕이었던 보장왕을 도독으로 임명해 민심을 누그러뜨리는 한편으로 고구려 사람들을 요서지방에 있는 영주성으로 강제 이주시켰다.

그런데 영주성을 다스리는 조문홰가 휘두르는 폭정에 불만을 품은 거란족 이진충이 반란을 일으켰다. 영주성이 혼란에 빠지자 대조영도 고구려 사람들을 이끌고 동쪽으로 이동했다.

이해고가 이끄는 당나라군이 뒤쫓아 왔지만 천문령 전투에서 크게 물리친 다음, 길림성 동모산을 근거지로 삼아 698년에 발해를 세웠다. 고구려 사람들을 중심으로 세워진 발해는 일본에 보낸 외교문서와 무덤양식, 기와무늬, 석등 같은 것들이 모두 고구려식이었고, 고구려 생활방식인 온돌을 사용했다.

대조영을 이은 무왕은 영토를 더욱 넓히고, 활발한 외교를 펼쳐서 신라를 견제했다. 그리고 문왕은 수도를 상경으로 옮기고, 통치체제를 정비했다. 또 당나라와 친선관계를 맺어 문물과 제도를 받아들였으며 신라와도 교류하기 시작했다.

무왕 때부터는 독자 연호를 사용하고, 9세기 무렵인 선왕 때에는 영토와 국력이 최대로 커졌다. 그러자 당나라에서는 발해를 '동쪽에 발전한 나라'라는 뜻으로 해동성국이라고 불렀다. 하지만 9세기말부터 내분을 겪으며 국력이 약해져 926년 거란족에게 멸망하고 말았다.

13 해상왕국을 일으킨 장보고

장보고는 어릴 때 이름이 '활을 잘 쏘는 사람'이라는 뜻이 담긴 궁복이었다.

9세기가 되자, 신라는 왕위다툼으로 혼란에 빠졌고, 백성들은 더욱 살기가 어려워졌다. 바다에는 해적이 들끓었다.

장보고는 혼란을 피해 당나라로 갔다. 당나라 군대에 들어가 여러 전투에서 공을 세웠고, 819년에는 천여 명을 거느리는 무령군 소장이 되었다.

그러던 장보고는 신라 사람들이 당나라에 노예로 팔려오는 것을 보고 신라로 돌아가 해적을 소탕하기로 결심했다. 흥덕왕에게 군사 1만을 거느리는 '대사' 벼슬을 받고 완도에 청해진을 세웠다. 그리고 재물을 약탈하고 백성들을 납치하는 해적들을 소탕했다.

청해진을 중심으로 신라에서 활동하는 장사꾼들을 하나로 모았다. 당나라에 무역기지인 신라방 23개를 세우고 일본에도 여러 개를 세웠다. 신라와 당나라와 일본을 연결하는 해상항로를 개척해 중계무역도 했다.

또 바다 비단길을 통해 인도와 이슬람 세계와도 교역했다. 구리, 거울 같은 금속제품과 모직물, 향료, 염료, 가죽제품, 목재, 동·식물, 문방구 등도 사고 팔았다. 또 강진에 가마를 만들어 도자기를 직접 만들고 차를 들여와 재배하여 다시 내다 팔았다. 장보고는 엄청난 부와 세력을 얻었다.

또한, 당나라에 살고 있는 신라 사람들을 화합시키기 위해 산둥반도에 있는 적산에 '법화원'이라는 절을 세웠다. 이곳에 신라와 백제와 고구려 출신 사람들이 모여 서로 의지하고 불교를 공부할 수 있도록 했다.

일본 승려 엔닌이 당나라를 오고가는 장보고 선단을 이용하려고 편지를 보냈던 것으로 보아 장보고가 얼마나 큰 해상무역을 했는지 알 수 있다.

839년에 경주로 군사 5천을 보내 김우징을 신무왕으로 세웠다. 신무왕은 장보고를 '감의군사(感義軍使)'로 삼고 식읍 2천호를 내렸다. 장보고 딸을 태자비로 삼겠다고 약속도 했다. 태자가 왕위에 올라 문성왕이 되었으나 경주귀족들은 평민인데다가 지방출신인 장보고 딸을 왕비로 삼을 수 없다고 반대했다.

841년 장보고를 두려워한 문성왕과 경주귀족들은 염장을 보내 반란을 일으켰다며 살해하고 청해진 사람들을 김제로 강제 이주시켰다. 이로써 청해진은 없어지고 해상무역길도 무너지고 말았다.

완도 장보고 기념관

위치 전라남도 완도군 완도읍
청해진로 1455

장보고 기념관은 1200년 전 완도에 청해진을 설치해 해상무역을 했던 장보고를 기리기 위해 청해진이 있던 옛터에 세웠다. 장좌리와 죽청리에 있는 장보고 유적을 전시하고 그 당시 모습을 재현했다.

전시관 1층 입구에는 무역선을 재현해서 당시에 무역선 내부가 어떻게 생겼는지 알 수 있도록 해 놓았다.

2층 전시실에는 장좌리와 죽청리 일대에 있는 장보고 유적 발굴 모습을 바닥에 재현해 놓았다. 또 그때 발굴된 수막새, 목책, 당나라에서 만든 해무리굽 청자조각 등을 전시하고 있다.

볼거리 바다를 바라보고 있는 장보고 동상을 찾아보세요.

● 당시 무역선 모형과 장보고 동상
●● 모형선 내부

청해진 장도 전경

장도 청해진 유적지

청해진 유적지는 완도군 장좌리에서 약 180미터 쯤 떨어진 바다에 장도(장군섬)가 있다. 나무다리가 놓여 있어서 바닷물이 들어와도 건너 갈 수 있다. 중간에 포토존도 있어서 장도를 배경으로 사진을 찍을 수 있다.

장도는 장보고가 해적을 소탕하고 강진만과 고흥반도뿐만 아니라, 청산도를 지나 일본과 당나라 등 해상무역을 했던 청해진을 지키는 군사기지였다.

위치 전라남도 완도군 완도읍 장좌리 734

판축기법으로 쌓은 장도 성벽 일부

● 청해진 장도 목책 해안가에 있는 목책 흔적
●● 장도 모형물

장도에 있는 성벽은 판축기법으로 쌓은 토성이다. 판축기법이란 흙으로 기초 및 성벽을 쌓는 방법이며 나무로 틀을 만든 다음 마사토(모래가 많이 섞인 흙)와 황토를 켜켜이 시루떡처럼 다져서 쌓았다.

장도에서는 기와와 토기 등 당시 모습을 짐작할 수 있는 유물들도 발견되었다. 성 입구에는 우물이 복원되어 있는데, 성 사람들뿐만 아니라 당시 이곳을 오가는 사람들도 마셨을 것으로 짐작된다.

이밖에도 성문, 치, 사당 등도 복원해 놓았다.

바닷물이 빠질 때는 남쪽 갯벌에는 청해진을 지키기 위해 굵은 통나무로 섬 둘레에 목책을 박았던 흔적을 볼 수 있다. 썰물 때 가면 목책들을 볼 수 있으므로 사전에 알아보고 가면 좋을 것 같다.

장보고가 청해진 성을 토성으로 쌓은 까닭은 무엇일까?

완도 법화사지

위치 전라남도 완도군 완도읍 장좌리 461

법화사지는 장도 청해진에서 2킬로미터 정도 떨어진 산중턱에 자리 잡고 있다. 9세기 초에 장보고가 세웠으며, 당나라로 가는 승려들이 휴식을 취하는 곳이기도 했다.

이곳은 중국 산동 반도에 있는 법화원과도 관계가 깊으며, 당나라로 오고가는 일본 승려들에게 큰 도움을 주었다. 많은 기와 조각들이 흩어져 있는 것으로 보아 건물이 여러 채 있었던 것으로 짐작된다.

법화사지는 가는 길이 가파르지는 않지만 발굴한 터에는 수풀만 우거져 있으므로, 여름철에 가려면 해충기피제를 꼭 챙겨야 한다.

● 장보고기념관에 전시한 사진
●● 법화사지에 있는 돌담

강진 청자박물관

위치 전라남도 강진군 대구면 청자촌길 33

강진 도요지는 대구면과 칠량면(七良面)에 두루 퍼져 있다. 예로부터 강진군은 육지를 통한 길보다 바닷길이 매우 발달했다. 9세기경에는 장보고가 활발한 해상활동을 벌였고, 중국에 있던 월주국에서 청자기술을 받아들였다. 도자기를 만들 수 있는 조건인 기후, 태토(흙), 연료, 물 등이 좋아서 통일신라 후기부터 그릇을 빚기 시작해서 고려 말까지 500여 년 동안 청자를 만들었다.

청자박물관은 이런 역사를 기리고 청자를 보존, 연구하며, 전시를 위해 세웠다. 둘레 가마터에서 발굴된 청자 조각과 그릇을 구울 때 쓰는 도구인 요도구는 청자를 만드는 방법과 양식이 변화한 것을 연구하는 귀중한 자료가 되고 있다.

청자박물관은 들어가는 입구부터 가마들이 즐비하게 설치되어 있다. 매표소에서 표를 사고 청자박물관 마당에 들어서면 바닥에 큰 청자가 그려져 있고, 정원에는 커다란 청자가 세워져 있다.

그러나 중국 청자기술을 들여왔다는 장보고 흔적은 박물관 한쪽 귀퉁이에서 겨우 찾을 수 있다.

● 청자박물관 전경
●● 사당리 41호 가마터

김제 벽골제

위치 전라북도 김제시 부량면 월승리 119

사적 제 111호인 벽골제는 우리나라에서 가장 오래된 저수지다. 백제 비류왕 27년(서기 330)에 쌓은 것으로 짐작한다.

장보고가 살해된 뒤에 청해진 사람들을 강제로 이곳에 이주시켜서 저수지를 쌓게 했다고 전한다. 그로 인해 되배미나 신털뫼 같은 벽골제와 관련된 많은 설화가 생겼다. 벽골제 발굴 모습은 벽골제농경박물관에 가면 자세히 알 수 있다.

● 장생거
●● 벽골제 모형도
●●● 수로

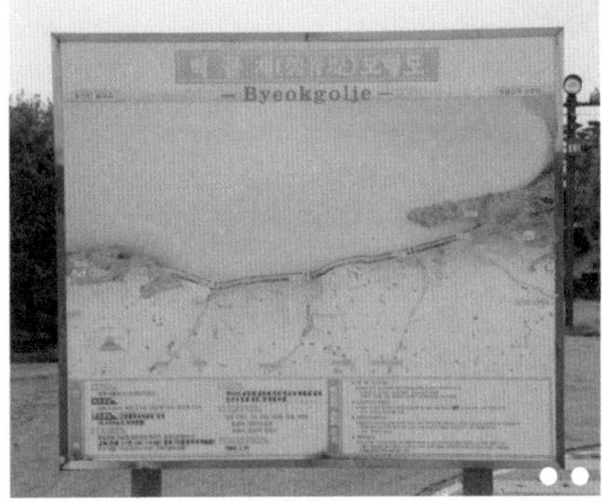

더 깊이 알기

1. 장보고 어릴 때 이름인 궁복에 담긴 뜻은 무엇인가요?

2. 장보고가 당나라로 갈 때 신라는 어떤 상황이었나요?

3. 장보고가 청해진을 설치한 까닭은 무엇인가요?

4. 청해진이 있던 곳은 어디인가요?

5. 장보고가 주로 무역을 했던 물품들은 어떤 것들인가요?

6. 당나라에 있던 신라 사람들을 화합시키기 위해 산둥반도에 세운 절 이름은 무엇인가요?

7. 왜 경주 귀족들은 장보고 딸을 왕비로 삼는 것을 반대했나요?

생각해보기

1. 841년 문성왕이 장보고를 죽인 까닭은 무엇일까요?

2. 장도 남쪽 갯벌에는 장보고가 세운 목책이 있어요. 어떤 방법으로 세웠을까요?

3. 되배미와 신털뫼라는 말이 생긴 까닭은 무엇일까요?

4. 완도와 진도, 기타 장보고와 관련된 답사에서 가장 기억에 남는 것은 무엇인지 그린 다음, 그 까닭을 써 보세요.

가장 기억에 남는 것
그린 까닭

14 찬란하게 피어난 신라문화

삼국을 통일한 신라는 백제와 고구려문화를 통합해 더욱 찬란한 문화를 발전시켰다.

가장 전성기인 8세기 무렵에 서라벌 인구는 17만 호 정도였고, 공동우물과 하수도시설까지 갖춘 계획도시였다.

다른 나라들과도 교류가 활발해 당나라와 일본, 그리고 서역 상인들까지 신라에 드나들었다. 로마에서 들어온 유리제품, 페르시아에서 들어온 양탄자를 비롯해 공예품, 모직물, 동·식물까지 교역했다. 신라상인들도 외국으로 널리 진출해 중국 산둥반도에는 신라 관청인 신라소, 무역 기지인 신라방, 여행객 숙소인 신라원 등을 세웠다.

건축과 토목기술 및 미술도 화려하게 발전했다. 인공 연못과 건축물을 아름답게 배치한 안압지와 금과 은으로 집을 치장한 금입택도 만들었다. 또 밥을 지을 때는 연기가 나지 않도록 하기 위해 숯을 사용했다.

삼국을 대표하는 문화인 불교문화도 더욱 화려하고 풍성하게 발전했다. 통일이 된 뒤, 원효와 의상을 비롯한 여러 승려들이 불교를 백성들에게까지 널리 퍼트리기 위해 절을 세우고 경전을 쉽게 풀었다. 또 김대성은 불국사와 석불사(석굴암)를 세웠다. 불국사 석가탑에서 발견된 '무구정광대다라니경'은 신라가 뛰어난 목판 인쇄기술을 가지고 있었음을 보여준다.

신문왕 때, 용이 되어 나라를 지키겠다는 문무왕 무덤이 보이는 곳에 세워진 감은사에는 바다에서 금당까지 용이 된 문무왕이 드나들 수 있는 물길을 만들었다.

또 경주 남산 골짜기 곳곳에 절과 탑을 세우고, 바위마다 화려하게 불상을 새겼다.

성덕대왕을 기리기 위해 만들었다는 성덕대왕신종(봉덕사종, 일명: 에밀레종)은 뛰어난 주조기술로 아름다운 소리를 내는 종이다.

문학도 활발하게 발전해 '향가'도 더욱 활발하게 만들어졌다.'제망매가', '찬기파랑가', '모죽지랑가', '도솔가', '처용가'를 비롯한 향가들과 진성여왕 때는 '삼대목'이라는 향가집이 만들어지기도 했다. 6두품 출신인 설총은 한자를 빌어 쉽게 쓴 이두를 만들었고, 임금과 귀족들을 비판한 '화왕계'라는 소설도 지었다.

이렇게 발전한 신라 경주는 동로마 제국 콘스탄티노플과 당나라 장안, 그리고 페르시아 바그다드와 더불어 세계 4대 도시가 되었다.

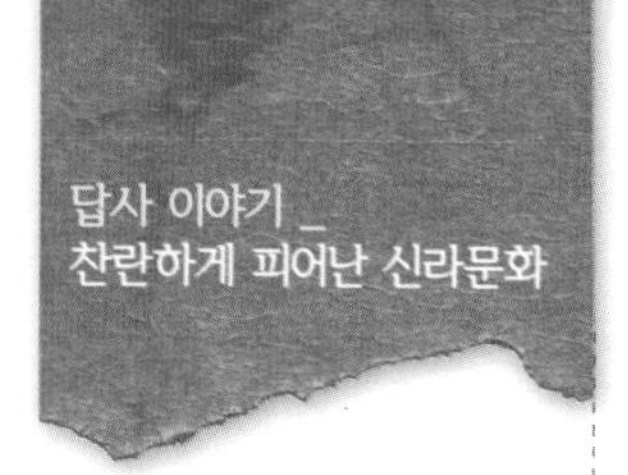

불국사

위치 경상북도 경주시 불국로 385

경주 토함산에 자리 잡은 불국사는 신라 경덕왕 10년(751)에 재상이었던 김대성이 짓기 시작해, 혜공왕 10년(774)에 완성했다. 임진왜란 때 건물 대부분이 불에 타버렸으나 전쟁이 끝난 뒤부터 200여 년 동안 40여 차례에 걸친 공사를 통해 복원했다. 일제강점기인 1924년에도 수리공사가 있었으나 이때 다보탑에 있던 사리장치가 없어지고 공사기록을 남기지 않는 등, 일제에 의해 수난을 당했다. 광복 후에는 석가탑을 해체, 복원하는 등 보수작업이 이루어졌고, 불국사복원위원회가 구성돼 1973년 6월에 보수를 끝낸 것이 현재 모습이다.

가람배치는 크게 두 구역으로 나뉘는데, 하나는 대웅전을 중심으

불국사

로 청운교, 백운교, 자하문, 범영루, 다보탑과 석가탑 등이 있는 구역이고, 또 다른 하나는 극락전을 중심으로 칠보교, 연화교, 안양문 등이 있는 구역이다. 불국토를 현세에서 나타내고자 하는 신앙심으로 세운 절로서, 1995년에 석굴암과 함께 유네스코 세계문화유산에 등재되었다.

석굴암

위치 경상북도 경주시 불국로 873-243

토함산 중턱에 있는 석굴암은 국보 제 24호로 지정되어 있다. 신라 경덕왕 10년인 751년에 김대성이 만들기 시작했고 20여 년 후에 완성

일제강점기 석굴암 보수공사

일제강점기인 1912~1915년에 걸쳐 일제에 의해 석굴암에 대한 대규모 보수공사가 있었다. 첫 번째 보수 때 석굴암은 천장에 물이 새서 불상이 직접 비를 맞고, 둘레 불상들도 흩어져 버려 반 이상이 흙에 파묻힌 채로 무너지기 직전이었다. 보수를 했으나 비가 새는 것을 막지 못하자 콘크리트로 천정을 발랐다. 석굴암에 대한 연구도 부족하고 건축원리에 대한 이해도 없는 채로 콘크리트로 덮어버렸기 때문에 겉으로 보기에는 수리가 되었지만, 다시는 복원할 수 없도록 파괴시켜버리고 말았다. 특히 본존불 아래에 있는 수로 장치는 석굴 안에 흐르는 지하수를 모아 밖으로 내 보내는 장치로 일본에는 없는 것이었다. 무지한 일본인들이 이것을 막아버려서 그때부터 지하수 때문에 차가워진 돌에 물기가 맺히는 현상이 생겨났다.

석굴암 본존불

되었다. 석굴암에는 신라 건축과 조형미술이 잘 나타나 있다. 석굴암은 원래 이름이 '석불사(石佛寺)'였으나, '석굴', '조가절' 등으로 불리다가 일제강점기부터는 석굴암이라고 부르고 있다. 사람이 만든 석굴이며, 1913년부터 일제가 여러 차례에 걸쳐 해체, 조립, 수리를 하면서 습기가 차는 등 원래 모습이 변해버렸다. 지금은 습도를 조절하기 위해 유리벽으로 막아 보존하고 있다.

석굴암은 건축, 수리, 기하학, 종교, 예술적인 가치와 독특한 건축미를 인정받아 불국사와 함께 1995년 유네스코가 지정한 세계문화유산이 되었다.

 분황사 모전 석탑

위치 경상북도 경주시 분황로 94-11

분황사탑은 돌을 벽돌 모양으로 잘라 다듬어 쌓았는데, 벽돌로 쌓은 전탑을 흉내냈다고 해서 '모전 석탑'이라고 한다. 선덕여왕 3년(634)에, 분황사를 세울 때 같이 세운 것으로 보이며, 그 뒤 여러 차례 보수되어 원래 모습은 알 수 없다. 하지만 기단 규모나 탑 형태로 보아 지금처럼 3층이 아닌 7층 또는 9층이었을 것으로 짐작된다. 자연석으로 만든 기단 위에 네 모서리에는 네 마리 돌사자상이 있으며, 1층 몸돌인 옥신석에는 쌍여닫이 돌문으로 된 부처를 모시는 방인 감실이 있고, 양쪽으로는 절문을 지키는 수호신인 인왕상이 돋을새김으로 되어 있다. 현재 남아 있는 신라 석탑 가운데 가장 오래된 걸작품이다.

분황사 모전 석탑

포석정

위치 경상북도 경주시 배동 454-3

포석정은 경주 남산 서쪽 계곡에 있는 신라시대 연회장소로, 젊은 화랑들이 풍류를 즐기며 기상을 배우던 곳이다.

중국 명필 왕희지가 친구들과 벌인 잔치인 유상곡수연(流觴曲水宴)을 본떠 만들었다. 유상곡수연은 물 위에 술잔을 띄워 술잔이 자기 앞에 오는 동안 시를 읊어야 하며 시를 짓지 못하면 벌로 술 3잔을 마시는 잔치이다. 포석정을 만든 때는 확실하지 않으나 통일신라시대로 보이며 현재에는 풍류를 즐기던 물길만이 남아 있다. 물길은 22미터이며 높낮이 차가 5.9센티미터이다.

포석정

경주 안압지

위치 경상북도 경주시 양정로 37번길 26-1

안압지는 신라 왕궁에 딸린 후원으로 삼국통일을 하던 시기에 짓기 시작해 문무왕 14년인 674년에 완성되었다.

1975~86년에 이루어진 발굴조사에서 연못을 둘러싸고 있는 돌벽 옆과 서쪽 연못가에서 건물터 5개가 발견되었다.

연못 안에는 섬이 3개 있다. 연못 바닥에서 신라 왕족과 귀족이 썼던 유물인 목선(木船)·목상(木像)·장신구·주사위 등과 불교미술품인 불상, 광배, '조로 2년'(調露二年 : 680)이라는 명문이 적혀 있는 보상화문전 등이 발굴되어 화려했던 통일신라시대 문화를 살펴보는 데 큰 도움을 주고 있다. 안압지는 통일신라시대 둥근 연못 모습을 보여주는 중요한 유적이다. 반월성과 국립경주박물관 사이에 있으므로 그 세 곳을 걸어서 답사하면 된다.

안압지

경주 남산

위치 경상북도 경주시 인왕동을 비롯하여 경주군 내남면 용장리에 걸쳐 있는 산

경주평야 둘레에는 서쪽에 선도산, 동쪽에 낭산과 명활산, 북쪽에 금강산 등 많은 산들이 있는데 그 가운데에서 남산에는 높이 494미터인 고위봉과 468미터인 금오봉이 솟아 있다. 이 두 봉우리에서 흘러내리는 계곡 40여 개와 구릉들을 합쳐서 경주 남산이라 부른다.

지금까지 절터 모두 112곳, 탑 61기, 불상 80체가 남산에서 발견되었다. 계곡 40여 개 가운데에서 절터가 없는 계곡은 거의 없다.

남산에서 발견된 불상은 바위면에 새긴 마애불상이 51체, 입체로 된 것이 29체이다. 큰 것은 10미터 정도 되는 것도 있지만, 4~5미터 정도인 것이 많다. 1미터 정도로 작은 것도 있다.

탑골부처바위는 삼국 통일을 기원하여 만들었으며, 칠불암불상군은 통일된 나라가 평화롭고 번영하기를 빌기 위해 만들었다. 남산

남산 삼릉계곡 선각육존불

에 가면 수백 년 동안 이어 내려온 신라 불교미술 흐름을 직접 볼 수 있다.

남산에 마애불상이 많은 것은 불교가 들어오기 전부터 우리 조상들이 믿어왔던 암석신앙과 불교신앙이 합쳐졌기 때문이다.

국립경주박물관

위치 경상북도 경주시 일정로 186

신라시대 유물을 중심으로 1만여 점을 소장하고 있는 국립경주박물관은 1913년에 경주고적보존회가 세워지고 1915년부터 경주부 옛 객사 건물에 신라 유물을 전시하기 시작하면서 경주 박물관 역사가 시작되었다. 박물관 뜰에는 성덕대왕신종이 있고, 전시관 바깥벽에는 '천전리 각석' 모형이 있다. 박물관 안에는 '울주암각화' 모형과 신라시대 유물들이 있으며, 미술관 옆 뜰에는 석가탑과 다보탑 모형을 비롯해 경주 둘레에서 발견된 탑들이 전시되어 있다.

국립경주박물관

금관모와 금관드리개

위치 경상북도 경주시 일정로 186 국립경주박물관내

금관모는 천마총에서 발견된 모자이다. 금모(金帽)란 금으로 만든 관(冠) 안에 쓰는 모자다.

각각 모양이 다른 금판 4장을 연결해 만들었는데, 위에는 반원모양이고 밑으로 내려갈수록 넓어진다. 그 밑에는 구름무늬를 뚫어서 장식했고 또 다른 판에는 T자모양으로 작은 구멍이 나 있는 금판이 있다. 그 금판을 머리에 쓴 천에 꿰매어 고정시킨 다음 머리에 썼던 것으로 보인다.

드리개란 느려 뜨려 꾸미는 장식을 말하는데 황남대총과 미추왕릉에서 발굴되었다. 아래 위로 길쭉한 나선모양인 장식 여러 개가 연결되어 있어서 귀걸이와 모습이 비슷하지만 귀걸이가 아니고, 금관이나 금동관을 더 화려하게 보이도록 하기 위해서 관 둘레를 장식했던 것이다.

● 금관모 ●● 금드리개

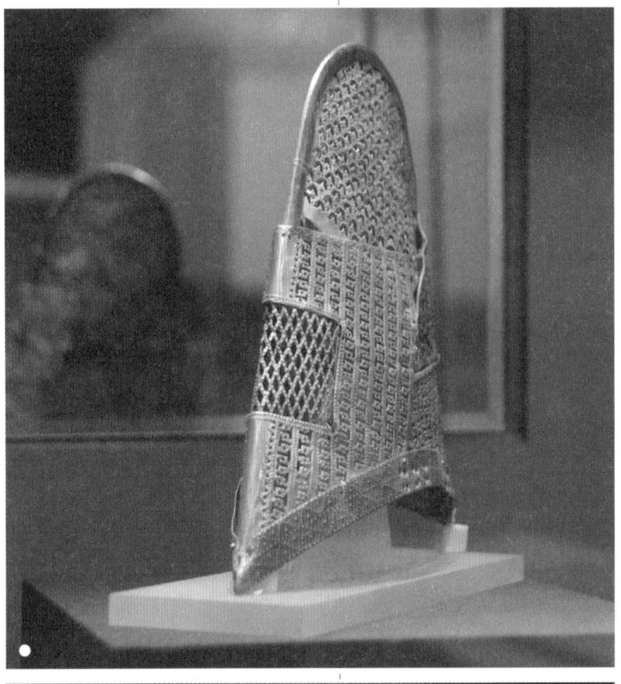

●

●●

더 깊이 알기

1. 신라시대는 중국, 일본 뿐만 아니라 서역상인들과도 활발한 교류를 했습니다. 이때 로마에서 들어온 대표적인 제품은 무엇이었나요?

2. 신라상인들은 중국 산둥반도에 신라인들 거주지를 만들었습니다. 그 중에서 신라 관청을 (   ), 무역 기지를 (   ), 여행객 숙소를 (   ) 이라고 합니다.

3. 신라에는 건축과 토목기술도 발달했는데 특히 금과 은으로 집을 치장한 귀족들 집을 무엇이라고 하나요?

4. 신라인들은 인공연못을 만들기도 했습니다. 경주에 있는 대표적인 인공연못은 무엇인가요?

5. 뛰어난 신라목판 인쇄기술을 자랑하는 것으로 불국사 석가탑에서 발견된 것은 무엇인가요?

6. 바다 용이 되어 나라를 지키겠다고 해서 '대왕암'이라고도 부르는 바위 무덤에 묻힌 왕은 누구인가요?

7. 바다에 무덤을 만든 자기 아버지를 기리기 위해 신문왕 때 만든 것으로 바다에서 금당까지 용이 된 아버지가 드나들 수 있도록 만든 절 이름은 무엇인가요?

8. 6두품 출신으로 한자를 빌어 쉽게 쓴 이두를 정리했고 화왕계라는 소설을 쓴 학자 이름은 무엇인가요?

생각해보기

1. 8세기 무렵 신라가 번성하여 당시 세계 4대 도시로 이름을 날릴 수 있었던 까닭은 무엇일까요?

2. 통일신라시대에 불교문화가 발전할 수 있었던 까닭은 무엇일까요?

3. 신라에는 골품제도라는 신분제도가 있었습니다. 골품제도는 어떤 좋은 점과 나쁜 점이 있을까요?

4. 경주 답사에서 가장 기억에 남는 것은 무엇인지 그린 다음, 그 까닭을 써 보세요.

가장 기억에 남는 것
그린 까닭

15 후삼국시대를 연 견훤, 궁예, 왕건

역사 이야기

9세기에 접어들자 신라는 더욱 혼란스러워졌다. 흥덕왕 때에는 '사치금지령'을 내려야 할 만큼 귀족들이 호화로운 생활을 했고, 왕실은 권력을 차지하기 위한 왕위 다툼을 벌였다. 또한 귀족과 왕실은 부정부패가 무척 심했다. 백성들은 땅과 집을 잃고 떠돌았으며 세금이 제대로 걷히지 않아 국가 재정도 바닥나고 말았다.

진성여왕 때 세금을 독촉하자 지방 귀족들은 떠돌아다니는 백성들을 모아 세력을 키웠다. 이 사람들을 '호족'이라고 부른다. 그 가운데 견훤과 궁예는 스스로 나라를 세웠다.

견훤은 상주장군 아자개 아들로, 무진주(광주)를 점령하면서 세력을 키웠고, 900년에는 완산주(전주)에서 후백제를 세워, 전라도, 충청도와 경상도 일부 지역까지 차지하는 나라가 되었다. 926년에는 신라로 쳐들어가 포석정에서 경애왕을 죽이고 김부(경순왕)를 왕위에 앉혔다. 927년, 왕위를 막내인 금강에게 물려주려고 하자, 큰아들인 신검이 불만을 품고 견훤을 금산사에 가두었다. 금산사에서 탈출한 견훤은 936년에 왕건을 도와 신검을 치고 후백제를 멸망시켰다.

궁예는 신라 왕자였지만, 태어나자마자 버림을 받았다. 세달사에서 승려로 지내다가 죽주(안성)호족인 기훤에게 갔으나 푸대접을 하자 북원(원주)호족인 양길에게로 갔다. 독자세력으로 성장한 궁예는 명주(강릉)를 기반으로 해서 강원도, 경기도 지역으로 세력을 넓혀 나갔다.

901년, 송악(개성)에 도읍을 정하고 후고구려를 세웠다. 나라 이름을 '마진'으로, 연호를 '무태'로 바꾸고 수도를 철원으로 옮겼다. 나라 이름을 다시 '태봉'으로 바꾸었다. 미륵사상을 앞세워 호족들을 누르고 강력한 왕권을 세우려고 했다. 그러자 918년 왕건을 중심으로 한 호족 세력들이 반란을 일으켜 궁예를 몰아냈다.

송악 태수 왕륭 아들인 왕건은 궁예 신하가 되어 금성(나주)을 점령하는 등 공을 세워 '시중'이 되었다. 그런 다음 궁예를 몰아낸 호족들에게 추대를 받아 왕이 되었다. 왕건은 나라 이름을 '고려', 연호를 '천수'라 하고 도읍을 송악으로 옮겼다. 민심을 얻기 위해 세금을 줄이고 불교를 널리 퍼트렸다.

935년에 신라에게 항복을 받고 936년에는 후백제를 공격해 멸망시켰다. 호족들을 자기편으로 만들기 위해 혼인 정책을 쓰고 성씨를 부여하는 사성 정책을 펴 혼란스러운 나라를 안정시키고 후삼국을 통일했다.

상주 견훤산성

견훤산성

위치 경상북도 상주시 화북면 장암리

장바위산 정상부에 있는 성으로, 견훤이 쌓았다고 해서 견훤산성이라고 부른다. 다듬은 돌들로 산봉우리 주위를 에워 싼 테뫼식 산성이다.

산세와 지형을 잘 이용한 성으로, 암벽은 그대로 성벽으로 이용하고, 벽이 필요한 곳에만 돌을 쌓아올렸다.

견훤은 이 산성을 지키며 북쪽에서 오는 공납물(세금)을 거두어 들

● 산성 오르는 곳을 알리는 표지판
●● 견훤산성 오르는 길

여 경주로 보냈다.

산성은 해발 700미터 높이에 자리 잡고 있어서 그리 높은 편은 아니다. 하지만 산성을 알리는 표지판을 지나자마자 급한 경사길이 시작되고 가파르기 때문에 올라가기가 힘들다.

바닥에 모래가 많아서 미끄럽기도 하다. 그래서 산성에 오를 때에는 꼭 바닥이 울퉁불퉁한 신발을 신어야 한다.

견훤산성에서 '내가 견훤이다'라는 생각으로 아래를 내려다 보세요.

 전주 견훤성터(동고산성)

위치 전라북도 전주시 완산구 대성동 산25

전주 동쪽에 있는 승암산에 자리 잡고 있는 견훤성터는 견훤 왕궁터라고도 한다. 견훤이 전주에 도읍을 정하고 306미터 높이에 산성을 쌓았다. 신라 말기쯤에 쌓은 것으로 견훤이 완산주에 후백제를 세운 시기와 일치한다. 지금은 이곳을 동고산성이라 부르는데, 조선시대 순조 때 건너편에 있는 산성을 남고산성이라고 부르면서 남고산성 동쪽에 있는 성이라고해서 붙여진 이름이다. 승암산에는 성황사라는 절이 있는데 이 절 중창기에도 이곳을 견훤 궁터라고 기록하고 있어서 견훤이 세웠던 성터로 짐작하고 있다. 발견된 기와조각에 '전주성'이라는 글씨가 새겨져 있는데 산성을 쌓을 당시에는 전주성으로 불렀다는 증거가 된다. 이곳에서 발견된 건물터는 우리나라에서

전주 동고산성 터에 있는 견훤성 건물 터

발굴된 단일 건물터로는 가장 규모가 크다.

전주 군경묘지를 지나 한참을 오르면 비포장길이 나온다. 이 길을 따라 올라가면 동고산성 건물터 밑에 사유지가 있다. 그래서 사유지를 중심으로 경사가 가파르지만 바로 오를 수 있는 왼쪽 길이 있고, 조금은 돌아가지만 안전하게 오를 수 있는 오른쪽 길이 있다. 어느 쪽을 선택해도 상관이 없지만 사생활 보호를 위해 조용히 올라가면 좋을 것 같다.

● 전주박물관에 있는 수막새 기와
●● 승암산 정상에서 바라본 전주

김제 금산사

위치 전라북도 김제시 금산면 모악 15길

금산사는 모악산에 자리 잡고 있는 절이다. 후백제를 세운 견훤이 넷째 아들인 금강에게 왕위를 물려주려하자 불만을 품은 맏아들 신검과 작은아들인 양검이 견훤과 새어머니인 고비, 이복 동생인 능예, 딸 쇠복을 금산사 미륵전에 가두었다. 갇혀 있던 견훤은 술을 빚어 감시하던 병사에게 먹이고 취해서 잠든 사이에 도망쳐 나와 왕건에게 항복했다. 그리고 왕건에게 신검을 치자고 해 고려군 선봉에 서서 군대를 이끌고 나갔다. 견훤이 군대를 이끌고 나오자 후백제 군사들은 차마 맞서 싸우지 못했다. 신검을 무너뜨리고, 자신이 세운 나라인 후백제를 자기 손으로 멸망시켰다.

미륵전은 팔작지붕으로 되어 있고, 밖에서는 3층으로 보이지만 안에서 보면 천정까지 한 층으로 이어진 1층이다. 조선시대 정유재란 때 불에 탔는데, 조선시대 인조 13년(1635)에 다시 지었다. 그 뒤로도 여러 차례 수리를 했다.

미륵전은 미륵존불을 모신 법당으로 1층에는 '대자보전(大慈寶殿)', 2층에는 '용화지회(龍華之會)', 3층에는 '미륵전(彌勒殿)'이라는 현판이 걸려 있다. 국보 제62호이다.

● 대웅전
●● 미륵전

견훤왕릉

논산 견훤왕릉

위치 충청남도 논산시 연무읍 금곡리 산 18-3

936년, 견훤은 자기 손으로 후백제를 무너뜨린 뒤, 아들들이 몰락하는 것을 지켜보아야 했다. 그것이 가슴에 한으로 맺혀, 그 해 9월, 등에 종기가 나서 숨을 거두고 말았다.

견훤이 죽자 사람들은 완산(전주)이 바라보이는 논산에 묻었다.

봉분만 덩그렇게 클 뿐, 왕릉이라고 하기에 너무나도 초라한 무덤은 후백제를 세운 견훤과 어울리지 않는 것 같아 보는 사람 마음을 씁쓸하게 한다.

볼거리 정말 견훤이 누워있는 곳에서 완산주가 보일까요?

철원 고석정

위치 강원도 철원군 동송읍 태봉로 1825

고석정은 한탄강변에 있는 정자다. 세운 시기는 정확히 알 수 없으나 신라 진평왕과 고려 충숙왕이 이곳에 머물렀다는 기록이 〈신증동국여지승람〉에 있다.

궁예가 이곳에서 현무암에 뚫린 구멍들을 보고 돌에 좀이 슬었으니 불길하다고 했다는 이야기와 왕건에게 쫓겨 강을 건너면서 왕건을 미리 죽이지 못한 것을 한탄했다고 해서 '한탄강'이라고 부른다는 전설이 전해온다.

또 조선시대에 들고 일어났던 임꺽정이 근거지로 삼았던 곳이기도 하고, 지금은 제2땅굴을 관람하는 관광객이 출발하는 곳이기도 하다.

고석정이 있는 한탄강

철원 궁예도성

위치 강원도 철원군 철원읍 홍원리 비무장지대 안

철원평야 풍천원 들판에 세워진 궁예도성은 남북길이가 4킬로미터, 동서 길이가 3킬로미터인 토성이었다. 지금은 휴전선 남방한계선과 북방한계선 사이에 놓여 있어서 남북한 어느 쪽에서도 들어가 볼 수 없는 곳이다. 고석정에서 들어가는 제2땅굴을 관람하고 들르는

● 비무장지대에 있는 궁예 궁터
●● 태봉국도성모형

곳인 철원 평화전망대에서 보이는 왼쪽 들판이 바로 궁예도성이 있던 자리다.

북한에서도 궁예에 대해서 연구할까요?

철원 도피안사

위치 강원도 철원군 동송읍 도피동길 23

신라 48대 왕인 경문왕 5년인 865년에 도선국사가 산수가 좋은 곳을 찾다가 영원한 안식처인 피안과 같은 곳에 이르렀다하여 절을 세우고 이름을 도피안사라고 지었다.

● 철조비로자나불
●● 대적광전 앞 삼층석탑

궁예가 명주에서 인제를 거쳐 김화와 평강을 지나 철원으로 와서는 이곳에 철조비로자나불상을 만들자 철원사람 천 오백 명이 시주를 했다. 궁예는 조성식을 보기 위해 모인 사람들 앞에서 고구려를 잇는 나라를 세우겠다고 선포했다.

대적광전 앞에 있는 삼층 석탑은 언제 만들어졌는지 정확하진 않다. 그래서 철조비로자나불이 만들어진 때와 탑모양으로 세운 때를 짐작할 뿐이다.

이곳도 보고 오세요

개태사

견훤왕릉 둘레에는 개태사가 있다. 왕건이 신검을 무찔러 후백제를 멸망시킨 뒤 이를 기념하기 위해 세운 절이다. 나라에서 세운 절이라 아주 컸으나 지금은 석불입상(보물 제 219호), 지름이 3미터나 되는 가마솥 등이 있다.

개태사지

개태사 전경

명성산과 산정호수

산정호수는 깊은 산 중에 있는 우물이란 뜻이다. 호수 뒤에는 명성산이 있는데, 왕건에게 쫓겨난 궁예가 이곳에서 머물렀다 한다. 명성산(鳴聲山)은 울 '鳴'자, 소리 '聲'자를 쓰는데 궁예가 나라를 잃고 통곡하자 산도 따라 울었다고 해서 명성산이란 이름이 붙었다고 한다.

명성산

더 깊이 알기

1. 9세기에 신라 귀족들은 어떤 생활을 했나요?

2. 견훤 아버지는 누구였나요?

3. 견훤이 완산주에 후백제를 세운 때는 언제인가요?

4. 궁예는 어디에서 승려생활을 했나요?

5. 궁예가 호족들을 누르고 강력한 왕권을 세우려고 앞세운 사상은 무엇인가요?

6. 왕건이 세금을 줄이고 불교를 널리 퍼트린 이유는 무엇인가요?

7. 왕건이 후삼국을 언제 통일했나요?

생각해보기

1. 견훤이 왕위를 넷째인 금강에게 물려주지 않고 첫째인 신검에게 물려주었다면 어떻게 되었을까요?

2. 궁예가 버림받지 않고 신라왕자로 자랐다면 미륵사상을 펼쳤을까요?

3. 왕건이 혼인정책을 편 까닭은 무엇일까요?

4. 이번 답사에서 가장 기억에 남는 것은 무엇인지 그린 다음, 그 까닭을 써 보세요.

가장 기억에 남는 것
그린 까닭

16 신라 멸망과 마의태자

삼국을 통일한 신라는 전쟁이 멈추고 나라가 안정되면서 눈부신 문화발전을 이루었다. 당과 일본, 인도, 아라비아 등과도 활발하게 문화를 교류했다. 당으로부터 고급비단, 옷, 책, 공예품 같은 것들이 들어오고, 아라비아에서 보석, 모직물, 향료, 유리그릇 같은 것들이 들어왔다. 모두 비싸고 사치스러운 것들이었다.

신라 귀족들이 사치품을 쓰는 데에만 지나치게 몰두하자 흥덕왕 때에는 '사치금지령'을 내리고 사치품을 쓸 수 있는 계급과 종류를 정했다. 그러나 사치는 줄어들지 않았다.

8세기 후반인 혜공왕 무렵부터 시작된 왕위 다툼은 신라를 혼란에 빠뜨렸다. 진성여왕 때인 9세기 말이 되자 지방 귀족들은 신라왕에게 충성하지 않고 신라 지배에서 벗어나 자기가 다스리던 지방에서 스스로 독립된 지배자가 되었다. 이들을 호족이라고 부른다.

신라 왕은 그런 지방귀족들을 아우르거나 억누르지 못했다. 신라는 점점 지배하는 땅이 좁아졌다. 10세기가 되자 경주를 중심으로 하여 경상남북도 동쪽지역만 차지한 나라가 되었다. 927년에는 후백제 견훤이 경주로 쳐들어와 경애왕을 자살하게 한 다음 김부를 경순왕으로 앉히기도 했다.

아들에게 쫓겨난 견훤이 왕건에게 항복했지만 신라 스스로 더 이상 나라를 이어갈 수 없다고 판단한 왕과 귀족들은 935년에 왕건에게 신라를 넘겨주기로 했다.

그러나 경순왕 아들인 김부(추)는 나라가 흥하고 망하는 것은 하늘이 내린 뜻에 따라야 하는데 싸워보지도 않고 항복할 수는 없다고 반대했다.

하지만 경순왕과 신라 귀족들은 더 이상 전쟁으로 백성들을 죽게 할 수 없다면서 고려에 항복하고 말았다.

김부는 이에 반발하여 충주와 양평 등을 거쳐 가며 세력을 모아 금강산으로 들어갔다. 금강산 자락인 인제로 들어간 김부는 삼베옷을 입고 살며 군사를 길러 신라를 다시 일으키려 했다. 그러나 고려는 김부가 꺾을 수 없을 만큼 강해져버렸고, 신라를 다시 세우려는 꿈도 물거품이 되고 말았다.

사람들은 김부가 금강산에 들어가 평생동안 삼베옷만 입고 지냈다고 하여 삼베로 만든 옷이라는 뜻인 '마의'를 붙여 '마의태자'라고 불렀다.

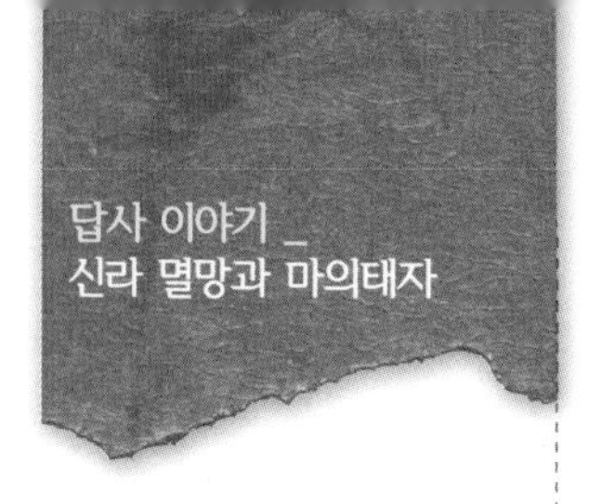

용암사

위치 충청북도 옥천군 옥천읍 삼청리 산 51-1

용암사는 신라 진흥왕 13년(552년)에 지은 절이다. 마의태자가 금강산으로 가면서 고향인 경주를 바라보며 눈물을 흘렸던 곳이라고 한다. 용암사에서 가장 높은 곳에 자리 잡은 마애불은 이곳에 머물다 간 마의태자를 새긴 것이라고 전해진다.

대웅전 뒤 봉우리에는 고려시대에 유행하던 '산천비보사상'에 따라 세워진 고려시대 양식을 담은 탑이 있다. 산천비보사상은 탑이나 건물을 세워 쇠퇴한 산천 기운을 보충해준다는 사상으로 탑을 대웅전 앞이 아니라 북쪽 봉우리나 능선에 세운다.

● 용암사 3층 석탑
●● 용암사 마애불

미륵리사지

위치 충청북도 충주시 수안보면 미륵사지길 150

미륵리사지는 충청북도 충주와 경상북도 문경을 연결하는 하늘재와 지릅재 사이에 있는 분지에 북쪽을 향해 자리 잡은 절터다.

하늘재는 조선시대에 문경새재가 열리기 전까지 충청도와 경상도를 이어주는 고갯길이었다.

마의태자가 나라가 망한 것을 슬퍼하며 무리를 모아 경주에서 금강산으로 가는 도중에 누이인 덕주공주가 덕주사에다 남쪽을 바라보도록 돌에 마애불을 만들었고, 마의태자는 이곳에다 덕주사 마애불을 마주보도록 북쪽을 바라보게 불상을 세웠다고 한다.

미륵리사지

지금은 보물 제96호인 돌로 된 불상과 보물 제95호인 5층 석탑, 보물 제33호인 3층 석탑지, 지방유형문화재 제19호인 석등, 그리고 충청북도 유형문화재 제269호인 거북머리비석받침(귀부)만 남아 있다.

불상이 서 있는 곳은 원래 석굴암을 본떠서 석굴사원처럼 만들기 위해 석축을 쌓고 그 위에 건물을 세웠으나 현재는 석축만 남아 있다. 석축 안에는 돌로 된 부처님이 북쪽을 바라보며 서 있다. 우리나라에서 북쪽을 보고 서 있는 불상은 이것뿐이다.

불상 앞쪽에 서 있는 5층 석탑은 땅바닥에 있는 자연석을 그대로 기단으로 깎아서 세운 탑으로, 양식 특징으로 보았을 때 통일신라 말

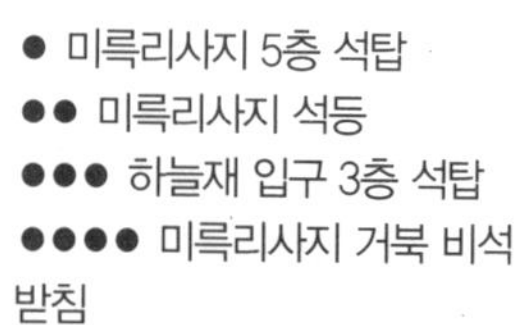

● 미륵리사지 5층 석탑
●● 미륵리사지 석등
●●● 하늘재 입구 3층 석탑
●●●● 미륵리사지 거북 비석 받침

이나 고려 초에 세워진 것으로 보인다.

절 입구에는 비석받침인 귀부가 있는데 왼쪽 어깨부분에 작은 거북이 두 마리가 조각되어 있다.

또 하늘재로 오르는 길에는 충주지방문화재 제33호인 3층 석탑이 있다. 서 있는 곳이 미륵리사지 밖인 것으로 보아 또 다른 절이 있었던 것으로 짐작된다.

덕주사

위치 충청북도 제천시 한수면 송계리 산 3번지

신라 진평왕 9년인 587년에 '월악사'라는 이름으로 창건되었다가 신라가 멸망한 다음, 경순왕 딸인 덕주공주가 나라가 망한 것을 한탄하면서 커다란 바위에 부처님을 새기면서 덕주사라고 이름을 바꾸었다고 한다.

그러나 『신증동국여지승람』에 '덕주사는 월악산 밑에 있다. 속설에 전하기를 덕주부인이 절을 세웠으므로 덕주사라고 이름을 지었다.'는 기록을 근거로 10세기 중엽에 세운 절이라고도 한다.

『대동지지』 '충주 산수조'에는 '동으로 45리에 있어 청풍 경계를 이룬다. 상, 하덕주사가 있다.'고 되어 있는데 마애불이 있는 절터를 상덕주사라 하고, 이곳으로 올라가는 입구에 있는 지금 덕주사를 예전에는 하덕주사라고 했다는 것을 알 수 있다.

상덕주사와 하덕주사 모두 한국전쟁 때 불에 탔다가 1963년에 지금 덕주사를 다시 지었다. 1970년에 법당을 중수할 때는 고려 희종 2년인 1206년에 만든 고려시대 쇠북(금고)이 나오기도 했다. 지금 덕주사에 있는 고려시대 석조약사여래입상은 1985년에 충주댐이 만들어지면서 물에 잠기게 된 한수면 역리에 있던 것을 옮겨 온 것이다.

덕주사 마애불

덕주산성

이것도 알아 두세요

덕주사 마애불 전설

아버지인 신라 경순왕이 왕건에게 나라를 넘겨주고 항복하자 마의태자는 신라를 되살리기 위해 덕주공주를 비롯한 무리를 이끌고 금강산으로 갔다. 가는 도중에 문경군 마성면에서 하룻밤을 자게 되었는데, 꿈에 관세음보살이 나타나 이곳에서 서쪽으로 고개를 넘으면 서천에 이르는 큰 터가 있을 것이다. 그 곳에 절을 짓고, 석불을 세우고, 북두칠성이 마주 보이는 자리에 마애불을 새기면 백성에게 자비를 베풀 수 있을 것이라고 했다.

마의태자와 덕주공주가 서쪽으로 가니 고개마루턱 큰 바위에 황금빛 불경 한 권이 놓여 있었다. 그래서 북두칠성이 마주 보이며, 최고봉이 한 눈에 들어오는 곳에 석불입상을 세우고 마애불을 조각했다. 그리고 절 이름을 덕주사라고 했다.

덕주공주가 마의태자에게 이미 신라는 망했으니 그곳에서 부처님 제자로 살자고 했으나 마의태자는 신라를 다시 세우기 위해 금강산으로 떠나고 말았다. 홀로 남은 덕주공주는 마의태자를 위해 기도하며 평생을 그곳에서 보냈다고 한다.

생각거리 덕주공주가 부처님 제자로 살자고 하였으나 마의태자가 금강산으로 떠난 까닭은 무엇일까요?

용문사

용문사는 신라 신덕왕 2년인 913년에 대경대사가 세운 절이라고도 하고, 신라 마지막 왕인 경순왕이 직접 와서 세웠다고도 전한다.

고려 우왕 4년인 1378년에 지천대사가 황해도 개풍군 경천사에 있는 대장경을 이곳으로 옮겨 봉안했고 조선 태조 4년인 1395에 조안 화상이 절을 크게 늘려지었다.

조선 세종 29년인 1447년에는 수양대군이 어머니인 소헌왕후 심씨를 위해 보전을 다시 지었고, 수양대군이 왕위에 오른 뒤 세조 3년인 1457에 절을 더 크게 늘려 지었다. 그리고 조선 성종 때와 고종 때도 절을 늘려 지었다.

순종 원년인 1907년에는 일본을 물리치려는 항일의병들이 모여 일본에 맞서 싸움을 벌이는 근거지로 삼았다.

의병을 없애려는 일본군이 절을 태워버렸으나 1909년에 큰방을 다

위치 경기도 양평군 용문면 용문사로 782

용문사

용문사 은행나무

시 짓고, 1938년에 대웅전, 어실각, 노전, 칠성각, 기념각, 요사 등을 새로 지었다. 1982년부터 대웅전, 삼성각, 범종각, 지장전, 관음전, 요사채, 일주문, 다원, 불사리탑, 미륵불 등을 새로 만들었다.

용문사에는 조선시대 학자인 권근이 지은 보물 제531호 정지국사부도 및 비와 지방유형문화재 제172호 금동관음보살좌상, 그리고 금강산으로 들어가는 길에 들린 마의태자가 지팡이를 꽂은 것이 자라났다는 천연기념물 제 30호 은행나무가 있다.

 한계산성

위치 강원도 인제군 북면 한계리 산1-1번지

한계산성은 험한 산을 이용하여 쌓은 포곡식산성으로, 『신증동국여지승람』에는 성 둘레가 6278척(1902미터)이고, 높이 4척(1.3미터)이라고 기록되어 있는 것으로 보아 규모가 매우 컸던 것으로 짐작된다.

신라 마지막 왕자인 마의태자가 신라를 다시 일으키려고 쌓은 성으로, 동쪽 산등성이에 천제단을 쌓고 하늘에 제사를 올렸다고 한다. 이렇게 성을 쌓고 고려 광종 때까지 신라 사람들이 이 둘레 지역을 손아귀에 쥐고 있었다고 한다.

후삼국 시대에는 이 성에서 고려와 후백제군이 맞서 싸우기도 했고, 고려 고종 46년인 1259년에는 몽고군과 조휘가 이끄는 고려군이 성을 공격했으나, 산성방호별감인 안홍민이 삼별초들을 이끌고 나가 무찔렀다고도 한다.

성안에 우물터와 대궐터, 그리고 절터도 있었다고 하는데 우물터는 없어졌어도 기왓장들이 어지럽게 흩어져 있는 것으로 보아 대궐이나 절이 있었던 것을 알 수 있다.

대왕각

위치 강원도 인제군 상남면 김부리 658번지

대왕각은 원래 통나무로 된 건물이었으나 1945년에 한 칸짜리 기와집으로 새로 고쳐지었다.

이때 김부대왕 신위를 발견 하였는데 '敬順王弟一子金富之神位(경순왕제일자김부지신위)'라고 되어 있다. 김부가 바로 경순왕 아들인 마의태자이므로 이 대왕각도 마의태자 사당이라고 짐작하는 근거가 되었다. 지금도 음력 5월5일과 9월9일에 취떡과 제물을 차려놓고 마을 사람들이 제사를 지낸다.

생각거리 마을 사람들이 마의태자를 기리며 제사를 지내는 까닭은 무엇일까요?

대왕각

● 김부리 금부교
●● 식량리

 김부리(金富里)와 식량리(食糧里)

위치 강원도 인제군 상남면 김부리/강원도 양구군 군량리, 식량리

김부리는 금강산으로 가던 마의태자가 오랫동안 머물던 곳이라 하여 김보옥촌 또는 김보동으로 부르다가 나중에 김부리로 고쳐 부르게 되었다.

마의태자가 거느리고 있던 부하 장수 가운데 맹장군이 의병을 모집하여 왕건을 물리치자고 고하자 여러 신하들을 고을마다 보내서 의병을 모집했다.

강원도 양구군 군량리(식량리) 들판에서 의병들을 훈련시켰다. 그리고 창고를 지어 군사들이 먹을 식량을 거두어 들였다. 그러나 준비가 채 되기도 전에 맹장군이 죽고 말았다. 모여든 의병들도 흩어지고 말았다.

옥쇄 바위

위치 강원도 인제군 상남면 김부리 북쪽

인제군 상남면 김부리 북쪽에 있는 골짜기인 하단지골 북쪽 산 밑에 두 개로 포개져 있는 바위가 있는데 마의태자가 금강산으로 들어가다가 이곳에 머물러 있을 때 옥쇄를 감추어둔 바위다.

바위에서 여러 빛깔로 변하는 뱀이 가끔 나와 돌아다니는데 옥쇄를 지키는 뱀이라고 하고, 그 바위를 옥쇄바위라고 했다.

수레너머(술구네미)

위치 강원도 인제군 남면 갑둔리 서낭거리와 김부리 사이에 있는 큰 고개

옛날에 마의태자가 이 고개를 넘어 다녔는데 산이 하도 험하고 칡넝쿨이 많아 수레를 내버려두고 걸어서 넘었다고 한다. 수레 두 대를 만들어 고개 양쪽에 두고 고개는 걸어서 넘어가고 평지에서는 수레를 타고 다녔기 때문에 수레를 남겨 두었던 고개 양쪽을 모두 수거너머라고 불렀다. 이 고개를 '술구네미 고개'라고도 하는데 술구네미는 수레너머를 사투리로 부르는 말이다.

술구네미 고개(수레너머 고개)

더 깊이 알기

1. 8세기 후반인 혜공왕 무렵부터 신라가 점점 혼란에 빠진 까닭은 무엇인가요?

2. 927년에 후백제 견훤이 경주로 쳐들어와 경애왕을 자살하게 한 다음, 세운 신라왕은 누구인가요?

3. 경순왕 아들인 김부(추)가 고려에 항복하는 것을 반대한 까닭은 무엇인가요?

4. 김부가 반대했으나 경순왕이 고려에 항복하지 않으면 안 된다고 한 까닭은 무엇인가요?

5. 김부가 항복에 반발하여 무리를 이끌고 간 곳은 어디인가요?

6. 김부가 신라를 되살리기 위해 힘과 세력을 키우면서 평생 모시로 된 옷만 입고 살았다고 하여 무엇이라고 부르나요?

생각해보기

1. 신라가 삼국을 통일하고 부자나라가 되었는데도 결국에는 망하게 된 까닭은 무엇일까요?

2. 금강산으로 가려면 경주에서 바닷가로 나가서 배를 타고 동해를 따라가면 되는데 굳이 충주와 양평을 거쳐서 간 까닭은 무엇일까요?

3. 마의태자가 신라를 다시 되살리려는 꿈이 이루어지지 못한 까닭은 무엇일까요?

4. 마의태자 유적 답사에서 가장 기억에 남는 것은 무엇인지 그린 다음, 그 까닭을 써 보세요.

가장 기억에 남는 것

그린 까닭

살아있는 역사 재미있는 답사

해답지 & 예시 답안

1단원 사람이 살기 시작한 한반도

더 깊이 알기

1 아프리카. 2 두 발로 걷고, 자유롭게 손을 사용. 3 음식을 익혀 먹으면서 체격과 뇌 용량이 커지고, 먼 곳으로 이동이 가능해졌다. 4 약 70만 년 전. 5 채집, 작은 동물 사냥, 이동 생활, 뗀석기 사용. 6 주먹도끼, 긁개, 찌르개, 자르개 등. 7 호모 사피엔스(슬기 사람). 8 중국 땅과 연결된 얼음길을 통해서.

생각해 보기 _ 예시 답안

1 다른 대륙보다 따뜻해서, 먹을 것을 구하기가 쉬웠다고 생각한다.

2 불을 이용하면서 추위를 피할 수 있게 되고, 인구가 늘어나 먹을 것이 부족해졌기 때문이라고 생각한다.

3 사후세계가 있다고 믿었다고 생각한다.

4 자유롭게 그리고 써 보세요.

2단원 신석기 혁명

더 깊이 알기

1 구석기시대보다 편리하고 세련된 것. 2 빗살무늬 토기. 3 강가나 바닷가. 4 움집이나 조개무지. 5 불을 사용하고, 농경과 목축을 하면서 한곳에 정착해서 생활을 하게 되었기 때문이다. 6 개. 7 암각화.

생각해 보기 _ 예시 답안

1 문자가 만들어지기 전에 일어난 일이기 때문이라고 생각한다.

2 늘어난 수확량을 보관하고, 불을 이용하여 요리를 해 먹었기 때문이라고 생각한다.

3 자신이 바라는 것이 이루어지길 바라는 마음에서 바위에 그림을 새겼을 거라고 생각한다.

4 자유롭게 그리고 써 보세요.

3단원 청동기문화와 고조선

더 깊이 알기

1 지배 계급이 쓰는 무기나 장신구. 2 강가에 있는 낮은 산이나 언덕. 3 고인돌. 4 고조선. 5 홍익인간. 6 8조법금. 7 중계무역.

생각해 보기 _ 예시 답안

1 권력을 과시하기 위해서 만들었다고 생각한다.

2 돌, 나무, 밧줄, 많은 사람, 사람을 동원할 수 있는 권력 등 여러 가지가 있어야 한다고 생각한다.

3 자유롭게 그리고 써 보세요.

4단원 아리수에서 일어난 해상왕국

더 깊이 알기

1 주몽이 유리왕에게 왕위를 물려주어서. 2 한강 유역 하남 위례성. 3 넓은 평야와 한강이 있어 농사짓기 좋았고, 한강에 배를 띄워 다른 나라와 교류하기 좋았다. 4 고이왕. 5 근초고왕. 6 동맹을 맺었다(나제동맹). 7 무리한 토목공사로 민심을 잃었다.

생각해 보기 _ 예시 답안

1 소금기가 많아 농사짓기가 어려웠다고 생각한다.

2 온조가 고구려에서 내려왔기 때문이라고 생각한다.
3 백제는 외적에 의해 멸망했고, 이긴 쪽이 기록한 역사만 남았기 때문이라고 생각한다.
4 자유롭게 그리고 써 보세요.

5단원 세 임금이 세운 신라

더 깊이 알기

1 나라를 다스릴 왕을 내려 달라고. 2 혁거세. 3 나정이라는 우물가에서 계룡이 오른쪽 옆구리 밑으로 낳았다. 4 일곱 가지 보물과 노예들을 넣은 궤를 배에 실어 보냄. 5 김알지. 6 미추. 7 박혁거세, 박, 석, 김씨.

생각해 보기 _ 예시 답안

1 생명과 탄생을 상징한다고 생각한다.
2 철을 잘 다루는 철기기술자였기 때문이라고 생각한다.
3 돌아가면서 왕을 하면 서로 싸우지 않고 나라가 평안해지기 때문이라고 생각한다.
4 자유롭게 그리고 써 보세요.

6단원 여섯 임금이 세운 가야

더 깊이 알기

1 구지봉. 2 하늘에서 붉은 보자기에 싸여서 내려온 황금상자에 들어있던 알. 3 도끼, 손칼, 환두대도 같은 무기와 농기구. 4 금관가야(김해), 대가야(고령), 아라가야(함안), 성산가야(성주), 고령가야(진주), 소가야(고성). 5 수로왕비릉 앞에 있는 파사석탑, 수로왕릉 문에 새겨져 있는 신어문양. 6 돌배. 7 순장.

생각해 보기 _ 예시 답안

1 좋은 철기로 강력한 군대를 만들고 철 무역을 통해서 부강했기 때문이라고 생각된다.
2 날카로운 조개껍데기를 아무 데나 버리면 발을 찔려서 다칠 수도 있고 냄새도 많이 나기 때문에 한곳에 모은 것이라고 생각한다.
3 저 세상에 가서도 지금 세상처럼 행복하게 살고 싶었기 때문이라고 생각한다.
4 자유롭게 그리고 써 보세요.

7단원 남쪽으로 진출한 고구려

더 깊이 알기

1 국내성. 2 태조왕. 3 진대법. 4 미천왕. 5 소수림왕. 6 태학. 7 광개토대왕. 8 평양. 9 영락.

생각해 보기 _ 예시 답안

1 신라는 유리왕 5년에 가난한 백성을 조사하여 구제했고, 백제는 온조왕 32년에 백성들이 굶주리자 나라에서 곡식을 풀었다. 빈민 구제를 위해서 성을 쌓는 사업을 해서 열다섯 이상 되는 사람들에게 일을 하게 하는 등 그 밖에도 많은 구휼제도가 있었다고 생각한다.
2 독자연호는 자기 나라가 세상에서 중심이라는 의미이므로 독자연호를 썼다는 것은 자주성으로 높인 것이라고 생각한다.
3 백성들이 불교를 믿으면 백성들 마음을 임금 중심으로 모을 수 있기 때문에 왕권도 자연스럽게 강화된다고 생각한다.
4 자유롭게 그리고 써 보세요.

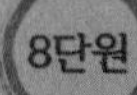

8단원 백제를 다시 일으킨 무령왕과 성왕

더 깊이 알기

1 개로왕이 무리한 토목공사로 나라 살림을 어렵게 하고 민심을 잃었기 때문이다. 2 무령왕. 3 귀족 세력을 누르고 왕권을 강화하려고. 4 남부여. 5 나제동맹.

생각해 보기 _ 예시 답안

1 다른 나라에 있는 무덤 양식이 그 나라에도 있기 때문이라고 생각한다.
2 부여처럼 강한 나라를 만들고 싶은 마음을 담았기 때문이라고 생각한다.
3 한강을 차지하면 중국으로 가는 길을 열 수 있기 때문이라고 생각한다.
4 자유롭게 그리고 써 보세요.

9단원 삼국시대 불교

더 깊이 알기

1

	언제	누가
고구려	소수림왕 때	순도
백 제	침류왕 때	마라난타
신 라	눌지마립간 때	묵호자

2 이차돈. 3 호국불교. 4 절 안에 산신각이나 칠성각을 세웠다. 5 무왕 – 익산 미륵사, 진흥왕 – 경주 황룡사. 6 담징. 7 아미타 신앙. 8 의상. 9 왕 오 천축국전.

생각해 보기 _ 예시 답안

1 삼국시대 불교는 '호국불교'로 정착하였으며 '왕이 곧 부처다' 라는 사상을 가지고 있었기 때문이라고 생각한다.
2 귀족권이 왕권보다 강했던 신라는 귀족들이 거세게 반대했기 때문이라고 생각한다.
3 삼국시대 불교가 왕과 귀족들을 중심으로 전해졌기 때문이라고 생각한다.
4 자유롭게 그리고 써 보세요.

10단원 통일 기반을 다진 신라

더 깊이 알기

1 **지증왕** – 나라이름을 신라로 바꿈, 왕이라는 호칭 사용, 우경 실시. **법흥왕** – 불교공인. 2 인재 양성을 위한 화랑제도를 만듦, 영토 확장. 3 골품제도. 4 골품제도로 인해 왕위를 잇던 성골에서 더 이상 왕위를 이을 남자가 없게 되자 선덕여왕이 즉위하게 된 것이다. 5 첨성대 세움, 분황사, 황룡사 9층 목탑을 세워 불교를 널리 퍼트림, 김춘추, 김유신 등 인재 등용으로 외교력과 군사력 키움. 6 당나라. 7 김춘추.

생각해 보기 _ 예시 답안

1 골품제도는 각 신분별로 해야 하는 일과 할 수 있는 일이 확실하게 구분되어 있어서 사회를 안정시키는 역할을 하였다고 생각한다. 하지만 신분제약 때문에 능력이 있어도 제대로 발휘하지 못하는 경우들은 신라 사회 발전에 걸림돌이 되기도 했을 것으로 생각한다.
2 지증왕, 법흥왕, 진흥왕 등 뛰어난 왕들이 연이어 나와 제도와 문물을 정비하고, 농업 생산량을 늘리고 백성들 마음을 하나로 모았기 때문이라고 생각한다.
3 자유롭게 그리고 써 보세요. 다만 무덤을 그릴 때는 무덤 외부 양식이 어떻게 다른지 비교해 보면서 그려보세요.

11단원 천도로 일어나려한 무왕과 선화공주

더 깊이 알기

1 끊임없이 이어진 신라와 전쟁을 멈추려고. 2 무왕을 반대하는 귀족을 누르고 왕권을 강화하려고. 3 불교 힘을 빌려 강한 나라를 만들려고. 4 의자왕. 5 당나라. 6 당나라–기벌포, 신라–탄현. 7 황산벌. 8 지도층끼리 일어난 내분.

생각해 보기 _ 예시 답안

1 왕권을 높이려 했다고 생각한다.
2 자기를 지지하는 세력이 있는 곳에서 왕권을 강화하려 했다고 생각한다.
3 대부분 귀족들이 의자왕에게 등을 돌렸기 때문이라고 생각한다.
4 자유롭게 그리고 써 보세요.

13단원 해상왕국을 일으킨 장보고

더 깊이 알기

1 활을 잘 쏘는 사람. 2 왕위 다툼으로 사회가 혼란스러웠고, 바다에는 해적들이 들끓음. 3 해적을 소탕하고 무역 길을 다시 열기 위해. 4 완도. 5 구리, 거울, 금속제품, 모직물, 향료, 염료, 가죽제품, 목제, 동·식물, 문방구, 차. 6 법화원. 7 평민이고, 지방출신이었기 때문.

생각해 보기 _ 예시 답안

1 청해진에서 권력을 잡고 있던 장보고가 자기 딸이 왕비가 되지 못한 것에 대해 앙갚음 할까봐 죽인 것이라고 생각한다.
2 나무기둥 한쪽 끝을 뾰족하게 깎은 다음, 물이 빠졌을 때 박았을 거라고 생각한다.
3 벽골제 보수공사에 동원된 사람들이 신었던 짚신에 묻은 흙이 쌓여진 데서 유래한 거라고 생각한다.
4 자유롭게 그리고 써 보세요.

14단원 찬란하게 피어난 신라문화

더 깊이 알기

1 유리제품. 2 신라소, 신라방, 신라원. 3 금입택. 4 안압지. 5 무구정광대다라니경. 6 문무왕. 7 감은사. 8 설총.

생각해 보기 _ 예시 답안

1 문화가 화려하게 발달했기 때문이라고 생각한다.
2 원효와 의상 같은 승려들이 불교를 퍼트리고 김대성이 불국사와 석굴암을 지어서 불교문화를 발전시켰기 때문이라고 생각한다.
3 나라를 안정시키기는 하지만 능력 있는 사람이 뜻을 펼칠 수 없게 된다고 생각한다.
4 자유롭게 그리고 생각해 보세요.

15단원 후삼국을 연 견훤, 궁예, 왕건

더 깊이 알기

1 호화롭고 사치스러운 생활. 2 상주장군 아자개. 3 900년. 4 세달사. 5 미륵사상. 6 흩어졌던 민심을 하나로 모으기 위해. 7 936년.

생각해 보기 _ 예시 답안

1 감금당하는 사건은 없었겠지만 그리 오래 나라가 유지되지 않았을 거라고 생각한다.
2 신라왕자로 자랐다면 세상을 보는 눈이 달라졌을 것이기 때문에 미륵사상을 펼치지 않았을 거라 생각한다.
3 민심을 수습하고, 왕권을 강화하기 위해서 펼쳤을 것이라 생각한다.
4 자유롭게 그리고 써 보세요.

16단원 신라멸망과 마의 태자

더 깊이 알기

1 왕위 다툼을 하느라 나라를 제대로 다스리지 못했다. 2 경순왕. 3 나라가 흥하고 망하는 것은 하늘이 내린 뜻에 따라야 하는데 싸워보지도 않고 천년을 내려온 나라를 고려에 넘겨줄 수는 없다. 4 더 이상 전쟁으로 백성들을 죽게 할 수 없고, 혼란스러운 세상을 바로 잡기 위해서. 5 금강산. 6 마의태자.

생각해 보기 _ 예시 답안

1 왕위다툼으로 나라를 제대로 다스리지 못했고, 사치와 향락에만 빠졌기 때문이라고 생각한다.
2 가는 길에 자기를 따르는 세력을 모으기 위해서라고 생각한다.
3 고려가 강해져서 마의태자 혼자 힘으로는 꺾을 수 없게 되어버렸기 때문이라고 생각한다.
4 자유롭게 그리고 써 보세요.